MI
HIJO REBELDE

Un enfoque parental pacífico sobre el conflicto para criar a tu hijo desobediente.

Jane Hawkins

©Copyright 2020 por Cascade Publishing

Todos los derechos reservados.

No es legal reproducir, duplicar o transmitir cualquier parte de este documento en medios electrónicos o en formato impreso. La grabación de esta publicación está estrictamente prohibida.

CONTENIDO

Introducción 1
Capítulo Uno: Amas a tu hijo 3
Capítulo Dos: El cambio comienza contigo (el padre) .. 7
    Creando expectativas saludables 8
    Comprensión del papel de las emociones 9
    Ponte la máscara de seguridad primero 10
    Aceptar los errores como una oportunidad para aprender 11
    Aumenta tus sentimientos de gratitud 12
Capítulo Tres: El precioso cerebro en desarrollo de tu hijo 14
    Hitos de la infancia 15
    Hitos para los niños de dos años de edad 17
    Hitos para los niños de cuatro años de edad 18
    Hitos para los niños de cinco años de edad 19
    Hitos más allá de este punto 20
Capítulo Cuatro: Métodos de disciplina no dramáticos 22
    Maximizar la atención positiva para tu hijo 23
    Evita las luchas de poder 24
    Crear reglas claras y fáciles de seguir 25
    Ten un plan para abordar su comportamiento 26
    Sé consistente con tus consecuencias 27
    El comportamiento correcto contigo mismo, ante todo ... 28
Capítulo Cinco: Difusión del desafío y el conflicto 31

    Sigue siendo paciente al momento.. 32

    Promover una experiencia de resolución de problemas..... 33

    La solución comienza contigo.. 34

    Escuchar genuinamente las necesidades de tu hijo 35

    Practicando la reorientación 36

Capítulo Seis: Cambiar el enfoque de la crianza de los hijos 38

    Paso uno: Escuchar.. 39

    Paso dos: Ser respetuoso.. 39

    Paso tres: Modelar el comportamiento positivo 40

    Paso cuatro: Dar a tu hijo opciones 41

    Paso cinco: Ser claro en cuanto a tus expectativas 41

    Paso seis: Establecer reglas claras 42

    Paso siete: Usar los elogios correctamente............................. 42

    Paso ocho: Planear de antemano 43

    Paso nueve: Seguir adelante.. 43

    Paso diez: Ser consistente 44

Capítulo Siete: Mantener un ambiente pacífico 45

    Evitar los gritos en el hogar.. 46

    Crear espacios seguros para todos 47

    Sigue la misma rutina todos los días 47

    Desconectarse regularmente.. 48

    Expresa tu gratitud de forma regular....................................... 49

    Hacer cosas juntos como una familia....................................... 49

    Mantener la compostura con los errores 50

Capítulo Ocho: Un proceso de 3 pasos para lograr que las cosas se hagan 51

Paso 1: Prepararse para lo que hay que hacer..................52

Paso 2: Prepara a tu hijo para lo que debe hacer..............52

Paso 3: Hazlo 53

Capítulo Nueve: Del castigo a la recompensa 54

Empatiza con tu hijo..55

Apoyar su experiencia de aprendizaje.................................55

Conexión antes de la corrección 56

Establecer los límites de una manera amorosa...................56

Enseña a tu hijo a arreglar sus errores................................57

Usa la palabra "Sí" más a menudo 58

Construye tu relación a diario...58

Capítulo Diez: Tu hijo bajo el cuidado de otros 60

Preparando a tu hijo para el cuidado de otros....................61

Preparando a otros para cuidar a tu hijo 61

Ofreciendo todo el apoyo posible..62

Preparándose mentalmente para la separación 62

Reunirte con tu hijo después de un tiempo........................63

Conclusión.. 64

Introducción

La crianza de los hijos en sí misma es una experiencia abrumadoramente desafiante. Si se añade la difícil experiencia de criar a un niño con problemas de comportamiento, se encuentra en una situación singularmente desconcertante. El aislamiento, la culpa, el miedo, la decepción, la preocupación, la ira y muchas otras emociones son completamente naturales cuando se cría a un niño con un trastorno de conducta. Si bien todos los padres tendrán desafíos en su proceso de crianza, ninguno es igual a los desafíos que presenta un niño con tendencia a ser desafiante.

Las discusiones sobre los trastornos del comportamiento se han hecho menos tabúes en los últimos años, lo que permite a los padres acceder a un espectro de apoyo más amplio que el que tenían antes. Aún así, muchos de estos temas son difíciles de comentar, ya que no todos están abiertos a la discusión. El acceso a la orientación que necesita junto con la recepción de un apoyo adecuado puede parecer prácticamente imposible al hacer frente a luchas que son bastante únicas de otros padres. Lamentablemente, puede obligarle a cuestionarse implacablemente como padre, ya que los métodos que funcionan para otras familias no funcionan para ti ni para tu hijo. Sin el apoyo apropiado, estas batallas que estás enfrentando pueden hacer de la crianza de los hijos una experiencia tremendamente desafiante; emocional, física y mentalmente.

En *'Mi Hijo Rebelde'* busco proveerte una guía para resolver inquietudes desafiantes y de comportamiento mientras diseñas un ambiente más tranquilo para ti y tu familia. Aprender a formar una atmósfera más pacífica te dará a ti y a tu familia acceso a un espacio más positivo y agradable para coexistir. A través de estos cambios, será mucho más fácil para ti guiar, enseñar y criar a tu hijo de manera positiva, mientras experimentas las verdaderas alegrías de ser padre.

Ya sea que hayas estado experimentando problemas desde el principio o que estén relacionados con un reciente crecimiento, no hay razón para que no puedas experimentar un alivio de estos desafíos. A través de ajustes en tu forma de pensar, una comprensión más profunda de cómo puedes apoyar a tu hijo y estrategias de crianza más efectivas, puedes descubrir la mejor manera de criar a tu hijo con éxito.

Si estás listo para tender un puente entre tú y tu hijo y disfrutar de más libertad y mayores resultados como padre, ¡comencemos!

Capítulo Uno:

Amas a tu hijo

Quiero empezar reconociendo el elemento más importante que la gente comúnmente pasa por alto: el amor a tu hijo. Sí, tu hijo puede ser un reto, y atender sus necesidades puede parecer una lista de tareas que los padres con hijos neurotípicos posiblemente no podrían comprender. Sin embargo, a pesar de estos desafíos adicionales, tú amas a tu hijo.

Tú, como cualquier otro padre o madre en la tierra, pasaste tiempo anticipando el nacimiento de tu hermoso hijo. Ya sea que le hayas dado a luz biológicamente, a través de un vientre de alquiler o adoptando a tu hijo, esperaste la presencia de ese precioso bebé tanto como cualquier otra madre. Soñaste con cómo serían, cómo crecerían, el tipo de relación que compartirían, y las muchas formas en que apreciarían la presencia del otro. El hecho de que tu hijo tenga un trastorno del comportamiento no significa que haya sido o sea menos querido, apreciado o amado.

Al descubrir que tu hijo sufría un trastorno del comportamiento, es posible que hayas sentido un torbellino de emociones diferentes. Cada una de ellas enraizada en la misma emoción: el amor. Amas tanto a tu hijo que te preocupaste por su seguridad, temiste cómo sería su vida, te enojaste con el destino que les tocó y te afligiste por la vida que tal vez nunca tengan. Cada emoción que han sentido como resultado de este diagnóstico, sin importar qué emoción era o cómo se sentía, nació del amor puro por tu hijo.

Es el amor lo que los tiene sentados aquí ahora mismo, descubriendo cómo pueden criar a tu hijo de una manera que se adapte a sus necesidades únicas. A pesar de lo angustiado, abrumado, frustrado o miserable que puedas estar con algunos aspectos de tu crianza, lo único que te importa es hacer que la experiencia sea más pacífica para todos los involucrados. Reconoces que si puedes aumentar tu propia paz, también aumentarás la paz de tu hijo. Y, si puedes aumentar la paz de tu hijo, puedes mejorar la calidad de su vida, la tuya, la de toda tu familia y la relación que compartes con tu precioso hijo. Estás aquí, no porque estés harto y no tengas ni idea de a dónde acudir, sino porque estás listo para implementar nuevas ideas de una manera más positiva e impactante. Estás listo para experimentar esa libertad, y lo más importante, estás listo para ver a tu hijo experimentar la libertad de una vida sin miserias ni colapsos.

Amas tanto a tu hijo que a la luz de todas las dificultades que has enfrentado, te aferras a la emoción más significativa que podrías tener: la esperanza. Esperas un futuro más brillante, una mejor calidad de vida, y una mayor facilidad para que tu hijo pueda aprender a encajar en el mundo que le rodea de una manera que se ajuste a sus necesidades únicas. Esa esperanza es lo suficientemente fuerte como para empezar a crear los resultados exactos que quiere y necesita, y es precisamente lo que te ayudará a ser el padre perfecto que tu hijo necesita.

Sé que puede ser tremendamente difícil. Puedes pasar por muchas emociones, posiblemente incluso en el día a día. A veces, te sientes lleno de esa preciosa esperanza y confianza de que tienes todo bajo control, y puedes hacer que las cosas funcionen. A veces, te sientes preocupado por tu hijo y temes cómo será su futuro, y ese miedo puede hacerte sentir enfadado, retraído, sobreprotector o incluso desesperado durante un corto período de tiempo. En ocasiones, es posible que te sientas enfadado, frustrado o furioso con la situación. Quizás te desquites con tu hijo mediante el resentimiento, la decepción, el estrés y la angustia, lo que inevitablemente te lleva a sentirte culpable, avergonzado e incluso avergonzado. No tienes ningún deseo de sentir estos sentimientos hacia tu hijo, pero estás resentido por lo que les ha pasado, y se manifiesta como resentimiento hacia toda la experiencia. Esto te anima a esforzarte más, a presionarte más y a convertirte en el padre que ellos necesitan que seas. Con suerte, puedes usar esta motivación para dejar de sentir esos sentimientos de resentimiento y aferrarte a ese sentimiento de tener todo resuelto un poco más a menudo. Sabes que, independientemente de lo que pase, amas a tu hijo más que nada, y esos sentimientos son solo sentimientos.

Antes de proceder a las estrategias prácticas que transformarán tu experiencia como padre, necesitamos discutir tus sentimientos. Los sentimientos relacionados con la crianza de niños con un trastorno de conducta pueden ser angustiantes, ya que están directamente relacionados con una de las cosas más preciadas de toda su vida. A diferencia de los padres que tienen hijos neurotípicos que pueden experimentar una culpa ocasional cuando reaccionan exageradamente a un desafío, los padres de niños con trastornos del comportamiento tienden a sentir una gran cantidad de culpa y angustia. La culpa puede provenir de muchas áreas, desde tu aparente fracaso en crear un ambiente más armonioso, hasta tu incapacidad para quitarle la pena a tu hijo y facilitarle la vida, o incluso la forma en que te sientes con respecto a la crianza de los hijos en general. Siempre debe recordar que todos estos sentimientos son normales, y que son *solo sentimientos*. El hecho de sentirse resentido con tu hijo por un día difícil no significa que estés resentido con él, o que tengas alguna razón para sentirte culpable. Significa que has tenido un día estresante, y que tu cerebro reaccionó de forma natural creando una resistencia al desencadenante de ese estrés, que por desgracia es tu hijo. Recuérdate cada vez que sientas estos sentimientos, especialmente cuando empiecen a ser preocupantes, que no has caído en el odio hacia tu hijo. *Tú amas a tu hijo*. Sus emociones demuestran que amas a tu hijo porque te preocupas tanto por su bienestar que tienes una reacción emocional en cualquier momento en que te das cuenta de que no lo está haciendo tan bien como podría ser. A medida que vayas descubriendo métodos de afrontamiento más saludables, encontrarás formas de mejorar la calidad de vida de tu hijo y, por lo tanto, la tuya propia. Esos sentimientos de resentimiento, estrés, decepción, preocupación, miedo, frustración, culpa y otros sentimientos preocupantes no desaparecerán del todo, pero se reducirán significativamente como resultado.

Para comenzar a manejar tus emociones de una manera más saludable, empieza por respirar profundamente unas cuantas veces y recordarte a ti mismo cuánto amas a tu hijo. Tú te anticipaste a tu bebé, soñaste con contar sus dedos meñiques y de los pies, y lo miraste a los ojos por primera vez con la mayor esperanza, emoción, miedo y *amor* que jamás hayas experimentado en tu vida. Tu hijo, tu bebé, es especial para ti, y ninguna cantidad de sentimientos temporales pueden quitarte el hecho de que lo amas. Recuerda esto.

Cada vez que te encuentres sintiéndote herido, abrumado, agotado o culpable por tener cualquiera de estos sentimientos en primer lugar, recuerda la primera vez que los viste, su primera sonrisa o su primera risa. Atesora los maravillosos recuerdos que te recuerdan lo valiosos que son, y úsalos para fundamentarte en la realidad de que tus sentimientos son temporales. Aún así, tu amor lo soportará todo, no importa lo desafiante que sea.

Practicar las nuevas técnicas que te enseñaré, te ayudará a navegar por esas situaciones de forma menos dramática para que puedas evitar los ataques de gritos y los colapsos. A medida que comiences a sentir una sensación de paz más profunda en tus métodos de crianza, y veas a tu hijo responder positivamente a tus cambios, comenzarás a experimentar muchas menos emociones abrumadoras. *Puedes* hacerlo, y las cosas *mejorarán*. Solo toma tiempo.

Capítulo Dos:

El cambio comienza contigo (el padre)

Criar a tu hijo correctamente, independientemente de si es neurotípico o vive con un trastorno del comportamiento, significa que tienes que crear un estilo de crianza que se ajuste a las necesidades de tu hijo. Muchos padres primerizos creen que pueden elegir su estilo de crianza por adelantado y que su técnica se adaptará automáticamente a tu hijo simplemente porque es el estilo de crianza que les parece mejor.

Tu hijo saldrá con su propia personalidad, preferencias, fortalezas, debilidades y necesidades. Tú, como padre, debes crear un estilo de crianza adaptable que satisfaga esas necesidades para que puedas darle el poder a tu hijo de crecer para ser la mejor versión de sí mismo que pueda ser. Para los padres de niños neurotípicos, el ejemplo de cómo quieren que se conviertan sus hijos parece bastante claro. Para los padres de niños con trastornos del comportamiento, tus expectativas pueden ser diferentes según el nivel de habilidad que tenga tu hijo. No hay nada bueno ni malo en esto, siempre y cuando hayas creado expectativas que sean razonables para que tu hijo las cumpla. El objetivo no es convertir a tu hijo en quien tú quieres que sea, sino ayudarle a florecer en la mejor versión de sí mismo que pueda llegar a ser. Cuando te das cuenta de eso, se hace más fácil aceptar cualquier versión de tu hijo que pueda ser, aunque no coincida con la perspectiva "típica" de un niño. No hay tal cosa como una perspectiva típica, de todos modos.

Creando expectativas saludables

Si abordas la crianza con una ideología preexistente de cómo debe ser tu hijo como adulto, le fallarás a tu hijo. Por supuesto, es difícil no tener ciertas expectativas de tu hijo, especialmente cuando imaginaste un futuro que esperas que los mantenga felices y satisfechos. Todos los padres, sin importar quiénes sean, tienen expectativas para tu hijo. El problema es que sus expectativas no son la responsabilidad de tu hijo. Además, cuando tu hijo no puede estar a la altura de esas expectativas, aferrarse a ellas solo empeora la cantidad de estrés y decepción que sientes como padre. No hacia ellos, sino hacia el temor de que no experimenten felicidad y satisfacción porque estabas seguro de que tu camino era *el* camino para que ellos lo experimentaran.

En primer lugar, quiero que dejes de lado la idea de que solo hay una forma de ser feliz y sentirse realizado. En segundo lugar, deja de lado tus expectativas actuales y sé más flexible en la imagen que tienes de tu hijo. En lugar de la vida que inicialmente imaginaron, visualicen un futuro realista para ellos que permita a tu hijo alcanzar su máximo potencial, uno que ustedes, como colectivo familiar, puedan ayudar a moldear e influenciar para sacar lo mejor de ellos. Si tu hijo puede, haz que se involucre en este proceso estimulante para que también pueda tener un papel práctico en la creación del sueño para su futuro. Hazlo divertido, hazlo interesante, reúne tantas aportaciones de ellos como sea posible. Si tu hijo no es capaz, considera la posibilidad de involucrar a sus médicos o terapeutas en tu visión para obtener una comprensión más sólida de cómo se ve una imagen realista y razonable en primer lugar.

Cuando tienes expectativas genuinas para tu hijo, puedes dividir el sueño final en objetivos más pequeños y alcanzables para que tú y tu hijo trabajen en ellos. Esta es la gran diferencia entre las expectativas realistas y las no realistas. Por ejemplo, si estás criando a tu hijo con expectativas poco realistas, podrías abrir una vida de frustración, estrés y tristeza continua, ya que tu hijo no puede cumplir razonablemente con esas expectativas. Sin embargo, cuando se crían hijos con expectativas realistas, se ve un progreso encantador hacia esos objetivos y se empieza a sentir una sensación de orgullo, logro y satisfacción con tu hijo. Esa energía positiva también la sentirá tu hijo, y eso los llevará a una mayor armonía entre ustedes dos, así como a un vínculo más profundo que ambos pueden compartir. Esta energía aumentará aún más el nivel de éxito que experimentan al criar a tu hijo y ayudarles a ser lo mejor que pueden ser.

Comprensión del papel de las emociones

Las emociones son una reacción biológica que todo el mundo, incluidos los padres, experimenta. Tus sentimientos son parte de tu cerebro primario, y te ayudan a sobrevivir creando reacciones de protección dentro de tu cuerpo. Por ejemplo, digamos que experimentas una situación que cultiva la sensación de miedo dentro de ti. Ese miedo afectará a tus pensamientos creando una sensación de pánico, que posteriormente aumentará tus sentidos y te alertará de cualquier peligro circundante. Este sistema está diseñado para protegerte. Tu cuerpo experimentará cambios y se adaptará en un esfuerzo por soportar la amenaza entrante. Una emoción como el miedo aumentará tu ritmo cardíaco, dilatará tus pupilas y provocará la producción de hormonas como la adrenalina y el cortisol, que temporalmente elevarán tus niveles de energía para que puedas luchar o huir, dependiendo de las circunstancias.

Como humanos modernos, hemos avanzado más allá de la imaginación, y tendemos a depender menos de este sistema de supervivencia en comparación con nuestros antepasados o con animales salvajes que se enfrentan diariamente a situaciones que amenazan su vida. A pesar de ello, todavía está arraigado en lo profundo de nuestro ADN, y todavía tiene un impacto significativo en nosotros. Tú, como padre, puedes empezar a sentir síntomas de estrés crónico, preocupación, ansiedad, depresión, miedo, ira y otras emociones relacionadas con la crianza de los hijos en cualquier momento que estés en una situación de crianza. Por ejemplo, cuando tu hijo se deprime, es posible que te sientas molesto y abrumado antes de que la crisis haya comenzado, porque te estás anticipando a lo que se avecina. Esta reacción rutinaria al desencadenante de la crisis de tu hijo tiene como objetivo protegerte de una situación emocional negativa, por lo que tus emociones se vuelven abrumadoras. Entiende que esto es completamente natural.

Tu hijo experimenta sensaciones similares. Ellos también tienen sus desencadenantes que les hacen creer que están a punto de enfrentarse a emociones negativas. Los niños ya tienen dificultades para regular sus sentimientos, pero los que tienen trastornos del comportamiento pueden tener desafíos aún más importantes. Cuando tu hijo sufre un desencadenante, puede pasar de 0 a 100 en cuestión de momentos porque, a nivel biológico, cree que su bienestar está amenazado. Actuar intencionalmente desafiante no es su objetivo, están respondiendo a una reacción fisiológica natural que ocurre dentro de su cuerpo.

Como su padre o madre, debes ser consciente de cómo tus emociones están afectando a la experiencia de tu hijo y cómo su experiencia negativa percibida contribuye a su colapso. Cuando te das cuenta de que sus reacciones son biológicas y no intencionadamente maliciosas, se hace más fácil tener compasión en ese momento y liberar primero tus propias emociones negativas. Al hacerlo, creas una atmósfera segura y pacífica para tu hijo, permitiéndole que se calme también.

Ponte la máscara de seguridad primero

Como padre de un niño con un trastorno del comportamiento, probablemente se le han presentado muchas situaciones en las que has tenido que defender a tu hijo de maneras inusuales. Has tenido que proteger a tu hijo mental, emocional y físicamente de muchas situaciones que no son experiencias ordinarias para los niños neurotípicos. Tal vez los has protegido ajustando drásticamente su entorno, tratando con los matones de la guardería/escuela, o evitando a los compañeros adultos que no comprenden a tu hijo o tu experiencia como padre. Todos estos acontecimientos pueden ser agotadores y aparentemente interminables cuando estás protegiendo a tu hijo.

También pueden hacer que te olvides de cuidarte a ti mismo y de tus propias emociones cuando te absorba la protección de tu hijo del mundo que le rodea.

Tienes que recordar ponerte primero la "máscara de seguridad".

Aunque la defensa de tu hijo ocurre de forma natural, es vital que recuerdes que no puedes ayudar a tu hijo a alcanzar su verdadero potencial si tú mismo no estás prosperando. Ya sea protegiéndolos de los matones o ayudándolos a navegar por el mundo que los rodea, si te has desgastado protegiéndolos constantemente de todo, sin detenerte nunca a cuidarte, te quemarás. Ese agotamiento te llevará a emociones mucho más desafiantes para que navegues dentro de ti mismo, lo que inevitablemente llevará a complicaciones mucho mayores durante los momentos más desafiantes de la crianza de los hijos, también.

Ponerse primero la máscara de seguridad no significa que disminuya el tiempo que pasas cuidando a tu hijo. Significa cuidarlos de una manera que te permita cuidarte a ti mismo también, lo que profundiza tu capacidad de estar ahí para ellos y protegerlos. Para cuidarse a sí mismo primero, hay que empezar por considerar tu salud mental y emocional. Reconoce lo difícil que pueden ser las emociones de criar a un niño con un trastorno, y date el espacio y el apoyo que necesitas para manejar esas emociones tomando descansos, practicando el control activo del estrés y hablando con alguien si es necesario. Cuanto más puedas regular tus propias emociones, más fácil será regularte a ti mismo y a tu hijo durante posibles crisis y circunstancias complejas.

Aceptar los errores como una oportunidad para aprender

Tú, como cualquier otro padre, estás obligado a cometer errores. Probablemente ya has cometido miles, y habrá muchos más a medida que continúes tu camino como padre. Incluso los padres de hijos adultos cometen errores y se encuentran con que tienen que recuperarse de esos errores de una forma u otra, ya que los errores son una parte natural de la crianza de los hijos. Como se suele decir, los niños no vienen con un manual.

En lugar de castigarte por cometer errores, o tener una visión poco realista de tu capacidad de criar sin cometerlos, debes aceptar el hecho de que los errores son inevitables. Cometerás errores muchas veces, te guste o no. A veces, te sentirás abrumado y tendrás dificultades para regular tus emociones. Otras veces, puede que te pierdas una pista importante, y esto puede llevar a que tu hijo se desplome y a que tu entorno carezca de la paz que te esfuerzas por crear. Hay muchas maneras de cometer errores y muchas razones por las que se pueden cometer esos errores. Sin embargo, independientemente de cómo ocurran, debes entender que son inevitables.

Aprende a adaptarte a cada situación, desarrollando nuevas estrategias para minimizar el impacto de tus errores en las experiencias futuras. Cambia tu perspectiva para ver los errores como una oportunidad para aprender y crecer como padre. Cada vez que reacciones exageradamente, pierdas una pista o tengas una experiencia negativa con la crianza de los hijos, reflexiona sobre por qué sucedió eso y qué contribuyó a tu experiencia negativa. Fíjate si puedes identificar el desencadenante, el momento en que todo salió mal, y lo que se pudo haber hecho para prevenir esa situación o revertirla una vez que comenzó. Cuando utilizas los errores como motivación para aprender, se hace más fácil perdonarte a ti mismo y navegar por cualquier nuevo desafío que se te presente en un estado más preparado, productivo y tranquilo si se presentaran situaciones similares.

Aumenta tus sentimientos de gratitud

Al confrontar situaciones crónicas, puede ser fácil desarrollar una mentalidad negativa hacia esas circunstancias. Al criar a tu hijo, puedes tener emociones negativas hacia la crianza, las experiencias cotidianas que tienes con tu hijo, o incluso a tu propio hijo. Una vez más, estos son solo sentimientos causados por emociones perturbadoras, y no reflejan la forma en que realmente te sientes con tu hijo. Sin embargo, si se prolongan lo suficiente, pueden hacer que toda la experiencia de la crianza sea mucho más frustrante y pueden dañar la relación con tu hijo, así como la forma en que te comportas con él y a su alrededor.

Tomarse el tiempo necesario para expresar regularmente tu aprecio por la existencia de tu hijo y por la oportunidad que se te brinda como padre es una forma importante de contrarrestar esos sentimientos negativos para poder crear una experiencia de crianza más realista y positiva. Cada día, expresa tu gratitud a ti mismo y a tu hijo.

Podrías expresar tu gratitud por:

- Pasar el día
- Tener la voluntad de descubrir habilidades más saludables
- La existencia de tu hijo
- El apoyo que tienes de tu pareja/familia/amigos/tu terapeuta/alguien más que te apoya
- Acceso a recursos para mejorar tu experiencia
- El amor que tienes por tu hijo
- Un momento positivo que compartiste con tu hijo

O cualquier otra cosa que te ayude a sentir gratitud en torno a la crianza de los hijos, tu capacidad de ser padre, tu relación con tu hijo, o tu propio hijo.

Debes expresar a tu hijo la gratitud por su existencia y por su presencia en tu vida. Hacerle saber regularmente que lo amas, que estás agradecido por él y que lo aprecias, aumenta su autoestima y su confianza en sí mismo, y esto mejora significativamente su bienestar general. Los estudios también han demostrado que los niños que tienen un mayor sentido de autoestima y confianza en sí mismos tienen una capacidad más excepcional para aprender, crecer y madurar de forma positiva.

Capítulo Tres:

El precioso cerebro en desarrollo de tu hijo

Cada niño pasa por varios períodos de crecimiento a lo largo de su vida. Los períodos de crecimiento acelerado suelen ocurrir cada pocos días en los recién nacidos, cada pocas semanas en los bebés, cada pocos meses en los niños pequeños y en los niños más pequeños, y cada pocos años en los niños más grandes. Cuando tu hijo tiene un trastorno del comportamiento, puede afectar la forma en que alcanza sus hitos de desarrollo y su voluntad de adaptarse a cualquier hito que se le presente. Tu hijo puede estar especialmente malhumorado o desanimado durante estos momentos porque está experimentando cambios que no puede describir, así como dificultades para regular sus emociones en torno a esos cambios..

Comprender cuáles son los hitos del desarrollo y cómo tu hijo puede alcanzarlos o experimentarlos de forma diferente, te ayuda a entender por qué está experimentando tal dificultad y cómo esa dificultad está llevando a complicaciones de comportamiento. Es importante reconocer que los arrebatos de conducta no son elegidos, ni son el resultado de que el niño no *quiera* comportarse. Darse cuenta de que no se trata de un comportamiento voluntario, sino de un comportamiento biológico puede ayudarte a evitar culpar a tu hijo u obligarle a ver las cosas a tu manera porque tienes más compasión por el hecho de que simplemente no puede.

A menudo, los trastornos del comportamiento se descubren porque los hitos no se cumplen adecuadamente, o se cumplen con gran dificultad. Si así fue como descubriste el trastorno del comportamiento de tu hijo, es posible que ya seas consciente de que estos desarrollos son más desafiantes para tu hijo. Educarse a sí mismo sobre lo que está pasando en su cerebro puede ayudarte a asistirlo a través de varios hitos y a ayudarlo con su crecimiento y desarrollo.

Hitos de la infancia

Los hitos más importantes de la infancia son al mes, a los tres meses, a los siete meses y al año. Aunque parezca que tu hijo alcanza un nuevo hito cada semana, así es como los médicos lo dividen en trozos fáciles de organizar, del tamaño de un bocado. Si tu hijo no alcanza estos hitos está bien, a veces también pueden retrasarse ligeramente.

Al cabo de un mes, tu bebé habrá alcanzado hitos como mover el cuerpo, aunque será con movimientos bruscos. También debería ser capaz de llevar las manos delante de los ojos y la boca, mantener los puños cerrados y tener reflejos agudos. Es probable que sus ojos se desvíen y se crucen; prefieren el blanco y negro o patrones de alto contraste y preferirán los rostros humanos a cualquier otra cosa. A estas alturas, su audición es completamente madura, y pueden reconocer algunos sonidos o volver su cara hacia voces familiares. También pueden evitar claramente los olores amargos o ácidos y favorecer los dulces. Si hay un problema al mes, tu bebé puede tener problemas para alimentarse, puede no parpadear cuando se le muestra una luz brillante, o puede carecer de enfoque y parecer incapaz de seguir un objeto cercano de lado a lado con sus ojos. También puede parecer rígido, sin mover mucho los brazos o las piernas, o parecer demasiado blando o incluso cojo cuando se le sostiene. Si su mandíbula inferior siempre tiembla o no se sobresalta o responde a ruidos fuertes, esto tampoco es una buena indicación.

A los tres meses, el bebé debería ser capaz de levantar la cabeza y el pecho cuando está boca abajo y apoyar la parte superior del cuerpo con los brazos. También debe ser capaz de estirar las piernas y patear cuando está acostado boca abajo o boca arriba, mientras que sus manos deben abrirse y cerrarse regularmente. Un niño de tres meses también debe ser capaz de golpear los juguetes que cuelgan sobre ellos y agarrar y estrechar los juguetes de la mano. También observará atentamente las caras, reconocerá las caras y objetos familiares, balbuceará, imitará ciertos sonidos y girará la cabeza hacia los sonidos. Los niños de tres meses pueden sonreír, escoger sus personas favoritas y se esforzarán más por comunicarse y expresarse a través de sus cuerpos. Si tu hijo no responde a los sonidos, no se da cuenta de sus manos, no sonríe a las personas, no balbucea y no se lleva objetos a la boca a los cuatro meses, esto puede indicar que algo va mal. Un bebé que no trata de imitar ningún ruido, que no empuja hacia abajo con los pies cuando está en una superficie firme, o que tiene problemas para mover los ojos en una dirección específica o mantiene los ojos cruzados la mayor parte del tiempo también está mostrando señales de advertencia.

A los siete meses, tu bebé debería ser capaz de rodar sobre su espalda y su frente, sentarse sin apoyo, apoyar su peso sobre todas sus piernas y transferir objetos de una mano a otra. Debe ver en color, ver a distancia y seguir los objetos en movimiento con facilidad. Un niño de siete meses también puede responder a su nombre, responder a la palabra "no", y distinguir la emoción por el tono de voz. También responde al sonido con sus propios sonidos, usa su voz para expresarse y balbucea constantemente. A los siete meses de edad, tu bebé debería ser capaz de encontrar objetos parcialmente escondidos, explorar el mundo que le rodea usando sus manos y boca, y luchar por alcanzar objetos que están fuera de su alcance. También debería disfrutar de los juegos sociales, las imágenes de espejo y las expresiones de otras personas. Si tu bebé parece rígido o cojo, es incapaz de mantenerse sentado, no está dispuesto a ser abrazado, solo usa una mano, no muestra afecto por sus cuidadores, o evita o no le gusta estar cerca de otras personas, son señales de alarma. Los bebés que tienen dificultad para responder a los sonidos, mover objetos hacia su boca, girar la cabeza para localizar los sonidos, darse la vuelta, reírse o chillar, seguir los objetos con los ojos, o soportar peso sobre las piernas a los siete meses también muestran señales de advertencia.

Al cabo de un año, tu bebé debería ser capaz de sentarse sin ayuda, gatear, adoptar la posición de manos y rodillas, arrastrarse sobre sus manos y rodillas, moverse fácilmente entre posiciones, ponerse de pie y caminar sobre los muebles. También debe ser capaz de estar de pie por unos momentos sin apoyo o incluso dar unos pasos. Los niños de un año deben golpear los juguetes entre sí, puntear con el dedo índice, soltar voluntariamente los objetos, meter los objetos en contenedores y hacer garabatos en el papel por su cuenta. Deberían ser capaces de decir "mamá" y "papá", así como exclamaciones como "¡oh-oh!" y probablemente también intentarán imitar las palabras. Un niño de un año es curioso, ha desarrollado un sentido más fuerte de permanencia cognitiva, y puede expresar timidez o ansiedad alrededor de extraños. También es probable que llore cuando sus padres se vayan, que imite a los demás, que tenga preferencias y aversiones únicas, que tenga la capacidad de probar las respuestas de sus padres y que se alimente a sí mismo con los dedos. También pueden extender un brazo o una pierna para ayudarte a vestirte. Si un niño de un año no puede gatear, arrastra un lado del cuerpo cuando se arrastra durante más de un mes, o no puede pararse con apoyo, esto es una señal de alarma. También debes preocuparte si tu hijo no puede decir una sola palabra, buscar objetos ocultos, usar gestos para comunicarse o señalar objetos e imágenes.

Hitos para los niños de dos años de edad

A los dos años de edad, tu hijo debería ser capaz de caminar solo, llevar juguetes detrás de ellos, llevar juguetes más grandes o correr. También comenzará a ponerse de puntillas, a patear pelotas, a subir y bajar de muebles sin ayuda, a usar las escaleras, a garabatear, a voltear contenedores para vaciar su contenido, a construir torres con múltiples bloques y a usar su mano preferida. Cuando se les da nombre a un cuadro, un niño de dos años debería ser capaz de señalar ese cuadro. También debe reconocer nombres, objetos y partes del cuerpo que le sean familiares, decir varias palabras sueltas, utilizar frases sencillas y emplear oraciones de dos a cuatro palabras. Los niños de dos años pueden seguir instrucciones sencillas, repetir las palabras escuchadas en una conversación, encontrar objetos bien escondidos, clasificar formas y colores, y jugar a la fantasía. Social y emocionalmente, los niños de dos años imitan los comportamientos de otros, son conscientes de su individualidad, se entusiasman con la compañía de otros niños, demuestran una creciente independencia, expresan desafío y experimentan más ansiedad por la separación.

Si algo está mal en el desarrollo, te darás cuenta a través del comportamiento de tu hijo. Si un niño de dos años tiene dificultades para caminar, no desarrolla un patrón adecuado para caminar de talón a talón, no puede hablar al menos quince palabras, o no puede usar oraciones de dos palabras por dos, entonces será una señal de alerta. La incapacidad de nombrar objetos comunes de la casa, imitar acciones o palabras, seguir instrucciones simples o empujar un juguete con ruedas a los dos años también es motivo de preocupación.

Hitos para los niños de cuatro años de edad

Los niños de cuatro años han logrado muchos hitos en este momento de sus vidas. Un niño de cuatro años debe ser capaz de pararse en un pie hasta cinco segundos, subir y bajar escaleras sin apoyo, patear un balón, lanzar un balón por encima de la mano, y moverse hacia adelante y hacia atrás con agilidad. Pueden copiar formas cuadradas, dibujar personas con dos o cuatro partes del cuerpo, usar tijeras, dibujar círculos y copiar algunas letras mayúsculas. Los hitos lingüísticos de un niño de cuatro años incluyen la capacidad de entender el concepto de "lo mismo" y "lo diferente", la comprensión de las reglas básicas de la gramática, la capacidad de hablar en frases de cinco o seis palabras, un lenguaje claro y la capacidad de contar historias. También pueden nombrar correctamente los colores, comprender el concepto de contar, abordar los problemas desde un punto de vista único, experimentar un sentido más claro del tiempo, seguir órdenes de tres partes, recordar partes de historias y participar en juegos de fantasía. Los hitos sociales y emocionales de los niños de cuatro años incluyen el interés por las nuevas experiencias, la capacidad de cooperar con otros niños, el deseo de jugar a "mamá" o "papá" en los juegos de fantasía, el juego de fantasía inventivo, la capacidad de vestirse y desvestirse, y la capacidad de negociar soluciones a los conflictos. Los niños de cuatro años también son más independientes, pueden imaginar monstruos, se ven a sí mismos como un individuo completo con un cuerpo, una mente y unos sentimientos, y no siempre pueden distinguir entre la fantasía y la realidad.

Si tu hijo de cuatro años no puede lanzar una pelota por encima de la mano, saltar en su lugar o montar un triciclo, agarrar bien un lápiz de colores, garabatear, apilar varios bloques o copiar un círculo, esto es una bandera roja. Los niños de cuatro años que siguen pegajosos cuando sus padres se van, que no muestran interés en los juegos interactivos, que ignoran a otros niños, que ignoran a los demás fuera de la familia, que no participan en los juegos de fantasía, que se resisten a vestirse, a dormir o a usar el baño, o que arremeten sin autocontrol cuando están enfadados también están mostrando banderas rojas. Otras dos banderas rojas a las que hay que prestar atención son la incapacidad de utilizar frases de más de tres palabras o la incapacidad de utilizar "tú" y "yo" de forma adecuada.

Hitos para los niños de cinco años de edad

Los cinco años marcan otro punto para muchos hitos importantes en la vida de un niño. A los cinco años, los niños suelen poder pararse en un pie durante diez segundos o más, saltar y hacer volteretas, usar columpios, trepar e incluso pueden ser capaces de saltar. Pueden copiar triángulos, dibujar personas con cuerpos, escribir algunas letras, vestirse y desvestirse sin ayuda, usar tenedores, cucharas y ocasionalmente un cuchillo para la mantequilla. También pueden ocuparse de sus propias necesidades de aseo. En cuanto al lenguaje, los niños de cinco años pueden recordar partes de historias, decir frases de más de cinco palabras, usar el tiempo futuro, contar historias más largas y recitar su nombre y dirección. Cognitivamente, los niños de cinco años pueden contar diez o más objetos, nombrar al menos cuatro colores, entender mejor el concepto del tiempo y mantener el conocimiento sobre varios artículos domésticos cotidianos. En lo que respecta a las habilidades sociales y emocionales, un niño de cinco años quiere complacer e imitar a sus amigos. También es más probable que acepten reglas, canten, bailen y actúen, muestren independencia, por ejemplo visitando a un amigo por su cuenta, tomen conciencia de su sexualidad, puedan distinguir la fantasía de la realidad y puedan fluctuar entre ser exigentes y cooperar con entusiasmo.

Si tu hijo de cinco años es extremadamente temeroso, tímido o agresivo, o todavía le cuesta mucho separarse de sus padres, esto es una señal de alarma. Los niños de cinco años que se distraen fácilmente, carecen de concentración, muestran poco interés en otros niños, se niegan a responder a los demás, rara vez utilizan el juego de fantasía o de imitación, parecen infelices o tristes la mayor parte del tiempo están mostrando banderas rojas. Otras señales de alerta a los cinco años incluyen un comportamiento distante en torno a otros niños y adultos, una gama limitada de emociones, dificultad para comer, dormir o usar el baño, incapacidad para diferenciar entre la realidad y la fantasía, un comportamiento inusualmente pasivo o una incapacidad para comprender órdenes divididas en dos partes. Algunos padres también señalan que sus hijos no pueden dar correctamente su nombre y apellido, usar plurales o tiempo pasado, hablar de sus actividades diarias, construir torres con múltiples bloques, sostener cómodamente un crayón, quitarse la ropa, cepillarse los dientes o lavarse y secarse las manos. Todos estos son indicios de que algo puede estar mal y son áreas en las que un niño con un trastorno de conducta puede luchar para mantenerse al día con sus compañeros.

Hitos más allá de este punto

A los cinco años de edad, la mayoría de los niños que tienen trastornos de conducta ya han sido revisados y se les han identificado los trastornos o se han remediado los síntomas. En este punto, es posible que hayas notado que tu hijo claramente no está alcanzando los mismos hitos que sus compañeros, o los está alcanzando con dificultad. Si queda alguna preocupación, se aconseja que busques la ayuda de tu médico.

Un niño diagnosticado con un trastorno del comportamiento puede ser angustioso al principio porque, como padre, desea ver a tu hijo sobresalir. Darse cuenta de que se está quedando atrás con respecto a sus compañeros puede soportar emociones abrumadoras y seguir siendo difícil de presenciar. También es posible que tenga dificultades para aceptar que tu hijo es diferente, o incluso que no sea consciente del hecho de que es diferente de los que lo rodean, lo cual es un desafío a su manera.

La mejor manera de ayudar a tu hijo es hablar de tus hitos con su médico y pedirle que te apoye en la identificación de los próximos hitos, mientras que también se determina el camino más eficiente hacia el éxito. En el caso de los niños que se resisten a los hitos o que parecen completamente desinteresados, puede haber formas de aumentar el interés de tu hijo y animarle a aprender nuevas ideas junto con sus compañeros. Para los niños que parecen tener dificultades para regularse a sí mismos y se sienten abrumados o desencadenados por nuevos conceptos, puede haber métodos que puedes implementar para ayudarlos a aliviar su estrés y experimentar más paz en sus emociones.

Conocer el trastorno de conducta único de tu hijo y cómo tiende a afectar a los niños en general, además de hacer un seguimiento de cómo ya ha afectado a tu hijo, te ayudará a obtener una solución más aguda y precisa. Sabiendo esto, ganarás confianza en que puedes apoyar a tu hijo en la forma que necesita en todas las etapas de su camino de crecimiento. Esto también te ayudará a tener expectativas realistas y razonables que crearán una experiencia de crianza más impactante para ti también.

Capítulo Cuatro:

Métodos de disciplina no dramáticos

Se reconoce que los niños con trastornos de conducta luchan contra las medidas disciplinarias. Los niños neurotípicos a menudo experimentarán la disciplina como un medio para evitar que cometan acciones no deseadas, y aunque reaccionarán a ella, sus reacciones suelen ser previsiblemente comunes teniendo en cuenta su situación. Sin embargo, los niños que tienen trastornos de conducta luchan por mantener respuestas emocionales estandarizadas a la corrección. Desafortunadamente, estos niños también pueden encontrarse sufriendo acciones disciplinarias con mucha más frecuencia, ya que luchan por tener un comportamiento típico o por regularse saludablemente. Así, por ejemplo, un niño que tiende a resistirse a los hitos puede ser disciplinado por no tomar medidas, mientras que un niño que lucha por regular sus emociones puede ser castigado por reacciones emocionales excesivas como los arrebatos de agresión..

Como padre, puedes buscar un equilibrio apropiado para la disciplina. Por un lado, sabes que necesitas usar el control para corregir el comportamiento de tu hijo, pero por otro lado, entiendes que tu hijo no razona ni se comporta como un niño típico, y esto puede crear una situación desconcertante. ¿Cómo puedes saber cuándo debes disciplinar a tu hijo? ¿Cómo educar a tu hijo? Y cuando lo haces, y empiezan a enojarse, ¿cómo navegas por esos brotes desafiantes?

Los niños con trastornos de conducta rara vez responden bien a la disciplina, lo que lleva a los padres a lidiar con enormes cantidades de drama en sus hogares. Es posible que te sientas como si estuvieras caminando sobre cáscaras de huevo porque tienes miedo de provocar a tu hijo y hacer que se moleste, o de experimentar las duras consecuencias de la ira de tu hijo.

Descubrir un medio que te permita disciplinar a tu hijo de forma segura y efectiva es una experiencia que cambia la vida de los padres de niños que tienden a ser más desafiantes que otros. El conocimiento para proporcionar a tu hijo una guía positiva, y disuadirlo de comportamientos no deseados, sin tener un colapso total es una habilidad excepcional para comprender. Esto te permite mostrarle a tu hijo cómo puede participar en las actividades cotidianas con un enfoque más positivo, experimentar más atención afirmativa de las personas que lo rodean, y disfrutar de una mayor calidad de vida en general. Disciplinar eficazmente a tu hijo significa que obtienes la habilidad de ser un verdadero padre de tu hijo de una manera que se ajusta directamente a sus necesidades y aumenta tu capacidad de llevarlos al punto de convertirse en la mejor versión posible de ellos mismos.

Maximizar la atención positiva para tu hijo

Un niño neurodivergente a menudo recibe una gran cantidad de atención negativa del mundo que le rodea. Para muchos de estos niños, algo tan simple como tener una reacción negativa a su entorno puede dejarlos cuestionándose a sí mismos y al mundo que los rodea. Tener una vida constantemente llena de acontecimientos abrumadores, castigos y un estigma negativo de la sociedad puede ser extremadamente agotador. Además, se siente como si nadie los apoyara, por lo que tu hijo no se siente demasiado obligado a escuchar a nadie o a complacer a nadie.

Si tu hijo tiene un trastorno de conducta, debes aumentar la cantidad de atención positiva que recibe. La afirmación positiva constante en el día a día puede mejorar la relación de tu hijo hacia ti, así como hacia otros adultos, y a su vez mejora la probabilidad de que tu hijo escuche lo que tienes que decir. Salir a correr, jugar con los miembros de la familia o cooperar en un proyecto divertido juntos son todas formas estupendas de generar una atención positiva con tu hijo. Independientemente de cómo se haya comportado tu hijo, asegúrate de crear siempre este tiempo para él. Esto expresa que lo amas incondicionalmente y que deseas compartir interacciones alentadoras y significativas con él, independientemente de cómo se haya comportado. Cuando reconozcan que los amas a toda costa y aprecian cada momento juntos, se vuelven más dispuestos y deseosos de complacerte. Por lo tanto, se esforzarán mucho más en escuchar y cumplir las tareas que les pidas sin alboroto.

Cuando le des a tu hijo una atención positiva, asegúrate de que reciba al menos 15 minutos de tu atención total todos los días. Esta amable consideración reduce su tendencia a tratar de captar su atención con un comportamiento negativo, lo que hace que se reduzcan los estímulos para disciplinar a tu hijo en primer lugar. El método más eficiente para detener una rabieta es prevenirla en primer lugar, no cediendo ante tu hijo y dejándolo salirse con la suya para evitar el arrebato, sino proporcionando a tu hijo un entorno en el que pueda prosperar.

Evita las luchas de poder

Los niños con trastornos de conducta pueden tener largas y agotadoras luchas de poder con sus padres, para salirse con la suya. Las luchas de poder son señales de que un niño quiere tener el control de su propia vida y espera que todo salga como quiere, sin importar lo que esté bien o mal. En algunos casos, como en el caso de los niños que tienen ODD o TDAH, pueden ser particularmente sabios al atraerlo a largos debates que terminan en una lucha de poder. Como padre, debes evitar estas luchas de poder porque, independientemente de lo que parezcan, no son productivas ni útiles para tu situación de ninguna manera.

Siempre que le pidas a tu hijo que complete una tarea, y ellos combatan tu orden, abstente de involucrarte en un debate. Cuanto más tiempo discutas con tu hijo, más tiempo tardará en limpiar su habitación, cepillarse los dientes o prepararse para una salida. En lugar de discutir, dale a tu hijo instrucciones claras y consecuencias claras a las que se enfrentará si no limpia su habitación, y si tus órdenes no se cumplen, sigue esas consecuencias.

Nunca intentes forzar a tu hijo a completar una tarea. Molestándolo, discutiendo o gritándole a tu hijo seguirá siendo totalmente ineficaz. En su lugar, establezca límites claros que hagan que sea desagradable para ellos ignorar sus peticiones y hágales saber después de una advertencia que si no escuchan, se enfrentarán a esas consecuencias desagradables. Siempre sigue adelante, tu hijo debe respetar tu palabra y tu autoridad. De lo contrario, su embuste será descubierto, y los actos de desafío se desarrollarán considerablemente peor a medida que tu hijo aprenda a superar su indulgencia.

Crear reglas claras y fáciles de seguir

Los niños con autismo pueden luchar con las reglas porque no las comprenden, aparentemente las olvidan o no las conocen del todo. Los niños con trastornos del comportamiento como el ODD o el TDAH saben cuáles son las reglas, pero a menudo las desafían o discuten sobre ellas voluntariamente, buscando una manera de apretar sus botones y romper las reglas por completo para adaptarse a su agenda.

Una gran manera de reducir los desacuerdos y minimizar los colapsos es establecer reglas claras en el hogar y recordarlas regularmente a tu hijo. Una vez más, evita las luchas de poder en torno a estas reglas negándote a discutir sobre ellas, en lugar de tener consecuencias claras de lo que sucederá si tu hijo no respeta esas reglas. Puede ser muy eficaz colocar las reglas de la casa en un lugar visible de la casa, como en la nevera, para que tu hijo pueda verlas todos los días. Si es necesario, consulta la lista de reglas para recordar a tu hijo cuáles son las normas de la casa, ya que esto evita que discuta contigo y le ayuda a comportarse dándole algo claro y centrado sobre lo que reflexionar.

Cuando se trate de reglas domésticas, evita hacerlas demasiado complicadas o extensas. Utiliza unas cuantas reglas básicas y mantenlas claras y directas. Entre las excelentes reglas se incluyen: "Haz tus deberes, termina tus tareas, ve a la cama a tiempo y sin alboroto, y respétate a ti mismo y a todos los que te rodean". Estas son básicas, fáciles de seguir, y crean un claro sentido de instrucción para tu hijo, lo que también ayudará a minimizar la instancia de dramatismo reduciendo el número de cosas sobre las que tu hijo tiene que discutir o molestarse en primer lugar.

Ten un plan para abordar su comportamiento

Las preocupaciones de comportamiento de tu hijo serán únicas para ellos. Mientras que los padres de niños con el mismo trastorno podrán relacionarse contigo, no hay dos niños iguales, y por lo tanto, ningún padre podrá entender completamente lo que estás pasando. No debes confiar en un enfoque único para tratar con tu hijo.

En vez de intentar encajarlas en un enfoque de "talla única", concéntrate en crear un plan de comportamiento que satisfaga específicamente las necesidades de tu hijo. Una excelente manera de crear un plan robusto y completo que sea razonable para que tu hijo lo siga es crear uno con su médico y terapeutas. De esta manera, el médico y los terapeutas de tu hijo también pueden discutir la estrategia y la información relacionada con ella, con la esperanza de ayudar a tu hijo a ir por el camino correcto y seguir tus peticiones más fácilmente.

Los planes de conducta deben abordar las discusiones, la agresión, la respuesta, el rechazo a hacer la tarea, las rabietas, la resistencia a las tareas necesarias, las preocupaciones emocionales y cualquier otra preocupación de conducta que tenga tu hijo. Deben ser lo más completos posible y deben cubrir todas las áreas significativas de preocupación que tengas, ya que esto asegura que estés preparado para navegar cualquier situación que pueda surgir.

Cuando se ha preparado un plan de comportamiento, debe incluir las consecuencias que recibirán cuando rompan las reglas, y estas consecuencias deben explicarse claramente con antelación para que tu hijo sepa bien lo que puede esperar. A menudo, estas expectativas claras evitan muchos desajustes porque tu hijo ya sabe qué esperar; por lo tanto, es menos probable que intenten sobrepasar tus límites. Sin embargo, es posible que lo intenten las primeras veces hasta que descubran que tú no estás cediendo en tu decisión de hacer cumplir las consecuencias prometidas. Una vez que sepan que hablas en serio, es mucho más probable que te escuchen.

Además de crear un plan de comportamiento para el mal comportamiento, también debes discutir un plan de conducta para el buen comportamiento. Los sistemas de recompensa, la atención positiva, las expresiones de gratitud y aprecio, y otros enfoques similares deben alentar a tu hijo a continuar con el comportamiento ético. Cuando tu hijo descubra que el comportamiento pésimo o el comportamiento no deseado es desagradable y doloroso de mantener, y el comportamiento ético o la acción deseada es agradable y se celebra, naturalmente querrá cambiar hacia el buen comportamiento. Esto trabaja directamente con su biología básica, en lugar de solo la parte lógica de su cerebro, lo que significa que no importa cuán complejo pueda ser el trastorno de conducta de tu hijo, esto ciertamente será efectivo para ayudarte.

Sé consistente con tus consecuencias

Darle consecuencias a tu hijo puede parecer difícil de llevar a cabo. Sin embargo, es esencial que si prometes una serie de consecuencias específicas a un niño, cumplas con esas consecuencias si son desobedecidas. Los niños con trastornos del comportamiento serán mucho más propensos a intentar desencadenar tus emociones y a animarte a ceder a sus preferencias, y en el momento en que descubran tus debilidades, intentarán manipular cualquier vulnerabilidad para salirse con la suya. Esto no es necesariamente intencionalmente malicioso, pero está arraigado como parte de su forma de pensar.

Mostrarle a tu hijo que hay consecuencias y que esas consecuencias se cumplirán en cada ocasión asegura que tu hijo te ve como un verdadero hecho. Entiende que los niños con trastornos de conducta no piensan como los niños neurotípicos. En relación con las consecuencias, por ejemplo, un niño con un trastorno de conducta que cree que hay una posibilidad entre una centésima de que un colapso les ayude a salirse con la suya, se *comprometerá* con ese colapso. Si sucumbes a sus tácticas aunque sea una sola vez, animas a que el colapso sea una resolución gratificante cada vez, porque saben que si te quiebran lo suficiente, te someterás a su regla.

Bajo ninguna circunstancia esto significa que debes permitir que tu hijo se dañe a sí mismo o a alguien más mientras posicionas tu punto de vista de que no se saldrá con la suya, especialmente por mal comportamiento. Sin embargo, tampoco debes tener miedo de dejarlos llorar o de resolverlo por sí mismos. Deja que tu hijo se siente en su habitación y resuelva sus emociones por sí mismo. Es posible que le resulte doloroso o abrumador para ti como padre, pero comprende que es una parte importante del aprendizaje de tu hijo de la autorregulación emocional. Aunque la capacidad de tu hijo para regular sus emociones pueda estar inhibida, no significa que esté completamente arruinada. Si bien la desregulación emocional de tu hijo puede diferir de la de un individuo neurotípico, un niño con un trastorno del comportamiento sigue teniendo la capacidad de regularse a sí mismo, y es crucial que descubra su propia y única forma de hacerlo. Ayuda a tu hijo proporcionándole un espacio seguro para regularse en su interior mientras aprende a afrontar y manejar sus emociones.

El comportamiento correcto contigo mismo, ante todo

Si te encuentras en medio de un colapso y no puedes recuperar tu equilibrio o el de tu hijo, debes detenerte y recordar la importancia de ponerte tu propia máscara de seguridad primero. Antes de que puedas ayudar a tu hijo a regularse y evitar que intensifique los arrebatos, tienes que ocuparte de tu propio estado emocional. Reflexiona sobre tus pensamientos actuales mientras intentas calmarte. Respira hondo. Los niños, sin importar la edad, siempre se elevarán para igualar el estado de intensificación de sus padres. Esto significa que si gritas, lloras o discutes con tu hijo, sin quererlo, le estás animando a que intensifique su propio comportamiento, para que se corresponda con el tuyo. Si has cometido el error de entrar en una disputa, o si tu propia angustia está causando una mayor angustia a tu hijo, debes detenerte y alejarte de la situación. Relaja todo tu cuerpo y tu mente por unos momentos mientras te compones para volver a un estado de calma y de equilibrio. Luego, con un enfoque compasivo y pacífico, podrás apoyar a tu hijo para que alcance la misma sensación de tranquilidad.

Al reconocer el estallido cada vez más intenso, informa tranquilamente a tu hijo de que te estás alejando de este entorno durante unos minutos para que puedas calmarte y abordar la situación de una manera más compuesta y productiva. Si es posible, deja a tu hijo en un espacio seguro, como su dormitorio, y haz que espere allí hasta que estés listo para abordar la situación de una manera más respetuosa. Luego, como has dicho, retírate de la zona y comienza el proceso de tranquilizarte.

Una excelente manera de calmarse es usar una respiración cuadrada. Este ritmo de respiración te ayudará a calmar tus emociones rápidamente, devolver la paz a tu mente y cuerpo, y prepararte para reconciliar esta situación problemática con tu hijo. Para empezar, inhala por la nariz a la cuenta de cuatro, mantenerlo en la parte superior de la respiración para otra cuenta de cuatro, luego exhala con calma por la boca a la cuenta de cuatro, en la parte inferior de la respiración, mantenerlo para una cuenta final de cuatro. Repite este patrón de respiración al menos 10 veces antes de presentarte un momento para recoger tus pensamientos. Posteriormente, revisa tu plan de comportamiento, determina qué curso de acción tomar, y regresa a tu hijo de una manera más tranquila, listo para tomar acción según tu plan de comportamiento. Incluso si ya se ha desviado del plan, siempre puedes volver a alinearte en cualquier momento. Esto le muestra a tu hijo que, a pesar del error que cometiste al dejar que la situación se saliera de control una vez más, eres serio en cuanto a usar este nuevo método de acercamiento, y lo mantendrás a través de las buenas y las malas.

Un niño con un trastorno del comportamiento como el trastorno de oposición desafiante (ODD) probablemente intentará echarte en cara el hecho de que ya te has desviado del plan de comportamiento original.

Pueden desafiar tu razonamiento con el uso de la culpa, la vergüenza o el bochorno como una forma de alentarte a sentirte deplorable por la desviación del plan. El niño presionará con bastante fuerza para presionarte y manipularte para alcanzar su resultado preferido y salirse con la suya. Debes ser consciente de sus trucos y evitar que lo hagan manteniéndote firme en tu plan de comportamiento. Debes saber que vas por el camino correcto y que aunque tuvieras que corregir el rumbo, estás progresando mucho más que en el pasado. Una vez que termines de lidiar con esa situación en particular, asegúrate de celebrar tu éxito de reorganizar las cosas de nuevo en el camino, y date la oportunidad de liberar cualquier emoción indeseable a la que te puedas estar aferrando. Si tienes a alguien con quien tiendes a hablar cuando las cosas se salen de control con tu hijo o alguien que te está ayudando a mejorar la situación, ahora sería un buen momento para acercarte a esa persona para que puedas obtener ayuda. Cuanto más tranquila te sientas después de un colapso o un error, y cuanto más perspectiva acumules, más fácil te resultará verlo como una experiencia positiva, independientemente de lo que haya dicho tu hijo. De esta manera, puedes ir a la siguiente experiencia con más valor y confianza, y con una mayor capacidad para evitar que las cosas se descarrilen. Por favor, no te tomes demasiado a pecho lo que dice tu hijo, entiende que son solo palabras y que se están utilizando en un intento de asumir el control. Lo estás haciendo muy bien a pesar de lo que diga cualquiera. Con el tiempo, ¡tú y tu hijo experimentarán un enfoque mucho menos dramático de la disciplina y las reglas del hogar!

Capítulo Cinco:

Difusión del desafío y el conflicto

No importa cuán efectivas sean tus nuevas medidas disciplinarias no dramáticas, es inevitable que el desafío y el conflicto surjan en algún momento. Incluso si haces valer tus nuevos conocimientos con precisión de experto, estos temas saldrán a la superficie porque la respuesta de tu hijo se ha convertido en algo tan habitual como la tuya. Así como usualmente respondes con estrés, exasperación o frustración cada vez que tu hijo está a punto de estallar, tu hijo responde habitualmente con una explosión cada vez que aprieta el gatillo. Independientemente de cuál sea el detonante, la respuesta a él viene tan naturalmente como la respiración, por lo que es tan instantánea e intensa. Cada vez que la reacción se repite, se vuelve más fuerte e impulsiva, lo que hace que sea más difícil para ti y para tu hijo controlarla y evitar que empeore con el tiempo. Por frustrante que pueda parecer, recuerda que está enraizada en sus experiencias pasadas, y depende de ti educarlos para que "reconfiguren" adecuadamente sus mentes, de modo que estas respuestas habituales *cambien*. Puede que les lleve tiempo cambiar por completo, pero con coherencia y práctica, cambiarán. Solo tienes que seguir siendo paciente y persistente.

Difundir el desafío y el conflicto es algo que puede hacerse antes de que surja un momento conflictivo, o después de que ya haya comenzado. Tan pronto como veas la oportunidad de que surja un desafío o conflicto habitual, quieres crear un espacio para que lo difundas y lo utilices de una manera más positiva con tu hijo. La idea es que si puedes evitar que el estallido de desafío llegue al punto de necesitar una acción disciplinaria, puedes generar el enfoque definitivo de no-drama porque realmente no hay nada que puedas castigar. Cuando no hay nada que disciplinar, no hay miedo de que surja un gran colapso debido a la experiencia de una acción disciplinaria.

Es importante que, al tomar este enfoque, *no* intentes evitar el conflicto por completo. En su lugar, se quiere llegar al punto de enfrentar experiencias previamente desencadenantes de frente gradualmente sin que el desencadenante sea realmente accionado. Si puedes enseñarle a tu hijo a que se difunda, puedes enfrentar estos compromisos sin que se produzca un conflicto tan drástico.

Sigue siendo paciente al momento

Antes de que puedas esperar que tu hijo practique un comportamiento menos intenso, necesitas aprender a cultivar un comportamiento menos intenso por ti mismo. Puedes hacerlo siendo paciente contigo mismo y con tu hijo, y también modelando el tipo de comportamiento que quieres que tu hijo exprese. Cuando enseñes a tu hijo a tener paciencia, asegúrate de que le hablas de la paciencia que estás enseñando, ya que esto ayuda a tu hijo a entender lo que estás haciendo y asegura que realmente está siendo testigo del comportamiento que estás enseñando. Aunque tu hijo inevitablemente notará una diferencia en tu actitud cuando expreses paciencia, si no describes claramente lo que estás haciendo, puede que no entienda claramente lo que estás haciendo, o por qué. Esto es especialmente cierto si no eres un modelo típico de comportamiento paciente cuando tu hijo está pasando por un momento difícil.

La formación de un sentido de paciencia para ti mismo en cualquier momento presente proviene de la comprensión de la totalidad de la situación y de prepararse para ella con antelación. Cada día, hay que prepararse para el hecho de que tú y tu hijo tendrán inevitablemente algunas experiencias desafiantes, y crear una mentalidad productiva de antemano que te permita superar esos desafíos. De esta manera, cuando inevitablemente los alcancen, ya estarán en un punto de comprensión y paciencia en su mente, lo que significa que es más probable que también respondan de esa manera.

La mejor manera de expresar paciencia para tu hijo es reconocer lo que está sucediendo actualmente, mientras les aconsejas que vas a tomarte un momento para respirar antes de abordar la situación. Durante esta respiración, estás siendo paciente contigo mismo y con el momento, y creando una sensación de paz a tu alrededor, para que puedas abordar la situación de forma más productiva y respetuosa. A tu hijo, podrías decirle algo como, "Voy a tomarme un momento para respirar, porque puedo ver que esta es una situación problemática y ninguno de los dos se siente bien al respecto. Al hacerlo, puedo invitar a más paciencia mientras aprendemos a manejar esto mejor." Por supuesto, ajusta tu lenguaje a la edad y coherencia de tu hijo, para que entienda claramente lo que has dicho.

Promover una experiencia de resolución de problemas

Después de crear un espacio para la paciencia y tomar un momento para ti mismo, necesitas promover una aptitud para la resolución de problemas. Esto requiere que tanto tú como tu hijo compartan interacciones y conversaciones que promuevan un ambiente de resolución de problemas. Cuando ambos son capaces de conectarse en un estado mental similar y crear un deseo de resolver el problema al que se enfrentan, se minimizan los arrebatos inminentes y se maximizan las resoluciones porque son capaces de abordar estas situaciones de frente, juntos. Esta mentalidad es mucho más productiva que cualquier otra alternativa, ofreciendo la mayor oportunidad para que ambos exploren la situación de manera positiva y exhaustiva. Un beneficio importante de este enfoque para resolver los problemas es que le demuestras a tu hijo que estás en su equipo y que deseas encontrar una solución juntos. Cuando tu hijo se da cuenta de que puede confiar en ti y que insistes en ayudarle, en lugar de entorpecerle, es probable que sea más receptivo a tu enfoque.

Internamente, centrarse en la resolución de problemas te saca de la mentalidad de "¿qué nos pasa?" o "¿qué le pasa a mi hijo?" y te permite, en cambio, centrarte en lo que se puede hacer para formar una mayor armonía en ese momento. Cuando alternas tu forma de pensar, se hace más fácil para ti conducirte a ti mismo y a tu hijo a una atmósfera más positiva y productiva.

En tu hijo, centrarse en la resolución de problemas no solo quita su atención del detonante, sino que también le enseña cómo resolver los problemas que puede enfrentar en su vida. Es un concepto erróneo común que los niños con trastornos del comportamiento son incapaces de regularse a sí mismos o de resolver sus propios problemas. Ellos, como cualquier niño, son totalmente capaces, sin embargo el método en el que se acercan a estas habilidades o la cantidad de tiempo que les lleva regularse con éxito pueden diferir. Enseñar a tu hijo a resolver problemas usando su propio razonamiento, lógica y habilidades únicas asegura que cuando llegue a situaciones problemáticas, tenga métodos más saludables para enfrentar esas situaciones. Al final, esto demuestra ser una profunda experiencia de vida para tu hijo.

La solución comienza contigo

El cambio a un modo de pensamiento de resolución de problemas comienza contigo. Como siempre, necesitas modelar un comportamiento productivo y positivo. Tu hijo te mirará como un modelo a seguir, absorbiendo tus procesos a medida que se desarrollan y aprendiendo a regularse y a cuidarse a largo plazo basándose en sus experiencias externas. Tu propia resolución de problemas debe centrarse en tres puntos específicos del problema: por qué ocurrió el problema, cómo el problema está afectando a tu hijo y cómo el problema te está afectando a ti.
Al abordar el motivo por el que se produjo la complicación, debes centrar tus habilidades de resolución de problemas en cómo puedes evitar que este contratiempo vuelva a ocurrir en el futuro. Recuerda, esto no significa evitar la situación por completo; más bien, significa

aprender a hacer frente a la situación de manera que el desencadenante en sí sea menos intenso si se va a reiniciar. Como padre, debes decidir cómo enseñarle a tu hijo mecanismos efectivos para enfrentar la situación, de manera que pueda vivir esa situación sin que se desencadenen tales comportamientos desafiantes como resultado de ella.

Tómate el tiempo para reflexionar sobre el motivo por el cual se produjo el problema, comprender lo que está pasando por la mente de tu hijo y por qué está pasando por un momento tan problemático con este desafío. La comprensión de estos requisitos previos te permite proporcionar un sentido más profundo de compasión por tu hijo, y una mayor capacidad para elegir un curso de acción apropiado. Ahora es un gran momento para incorporar a tu hijo en la experiencia de resolución de problemas, y para discutir los posibles resultados con ellos de manera que coincida con sus habilidades de conversación. Juntos pueden construir una solución que apoye sus necesidades para calmarse y la mejor manera de difundir la situación en el futuro.

Por último, debes abordar cómo el problema te afectó a ti como padre. Comprender cómo y por qué se desencadenaron tus propias emociones, y qué hizo que ese desafío en particular fuera tan difícil para ti. También puedes desentrañar oportunidades para mejorar tu enfoque, facilitando una mayor capacidad para difundir el desafío y el conflicto en circunstancias futuras.

Escuchar genuinamente las necesidades de tu hijo

Los niños que experimentan rabias desafiantes y colapsos intensos a menudo luchan con la habilidad de controlarse a sí mismos porque no captan adecuadamente lo que está pasando internamente. Su falta de comprensión e incapacidad para definir esas emociones impide su capacidad de expresar adecuadamente cómo se sienten realmente.

Escuchar activamente a tu hijo le dará la bienvenida a dos beneficios refrescantes. El primer beneficio es que tu hijo se sienta escuchado, y como influencia de sentirse escuchado, le ayudas a sentirse aceptado.

Este estado de aceptación demuestra que están irrefutablemente rodeados de personas que los cuidan. Además, proporciona un entorno seguro para articular y expresar sus emociones. Otra ventaja de recibir la aportación de tu hijo es que puedes entender claramente cómo se siente, lo que significa que puedes ayudar a tu hijo a etiquetar correctamente sus sentimientos y a expresarlos de una forma más productiva. Por ejemplo, si tu hijo se siente irritado porque las cosas no salieron bien, puedes ayudarle a describir estos sentimientos y a reconocerlos como algo natural y seguro de sentir. También puedes ayudarles a comprender una forma más eficaz de resolver esos sentimientos de ira para que puedan expresarlos completamente sin crear sentimientos de frustración, vergüenza o cualquier otra cosa.

Escuchar genuinamente a tu hijo y sus deseos es un medio elocuente para difundir rápidamente cualquier situación, pero es un paso que comúnmente se salta. Es una iniciativa desafiante, pero importante, recordarse a sí mismo que es preciso ir más despacio y escuchar cuando las propias emociones están por las nubes. La paciencia es clave aquí, ya que te anima a calmarte y tomarte el tiempo para entender por qué tu hijo está molesto. Una vez que hayas escuchado exactamente lo que tu hijo tiene que decir, puedes tomar las medidas pertinentes para difundir la situación de manera efectiva y seguir adelante de una manera más apropiada.

Practicando la reorientación

Un método excepcional para difundir rápidamente el desafío y el conflicto se denomina reorientación. Cuando rediriges el enfoque de tu hijo, esencialmente estás rompiendo su atención de una cosa y guiándola hacia algo más positivo. Desviar su atención de un factor desencadenante hacia una solución es un excelente ejemplo de reorientación, aunque también se puede lograr de muchas otras maneras.

Si tu hijo tiene una tendencia a responder habitualmente a ciertos desencadenantes de manera abrumadora, ahora es una excelente oportunidad para practicar la reorientación de su atención antes del estallido explosivo hacia un resultado pacífico. Aprender a realizar correctamente esta redirección en particular afectará la respuesta habitual de tu hijo en un proceso más productivo, difundiendo eficazmente cualquier conflicto antes de que surja.

Por ejemplo, digamos que ponerle los zapatos a tu hijo para que pueda salir de la casa es un punto común de conflicto, y cada vez que le pides que se ponga los zapatos se desencadena. Puede que notes que tiendes a declarar la necesidad de ponerle los zapatos de la siguiente manera: "¿Puedes ponerte los zapatos para que podamos ir a la tienda de comestibles?" En este punto, ya has perdido la atención de tu hijo en el momento de pedirle que se ponga los zapatos, y han empezado a molestarse antes de que termines la frase. En vez de eso, podrías decir, "¡Necesitamos ir a comprar más de tus bocadillos favoritos para que puedas tenerlos para la escuela! Ponte los zapatos para que podamos ir. [Pásales los zapatos.] ¿Qué sabor elegirás esta vez?" Siguiendo el segundo ejemplo, enfatizas el beneficio que obtienen al salir y minimizas el estrés de ponerse los zapatos. Mientras los mantengas distraídos y les vendas los beneficios de salir, es probable que se pongan los zapatos rápidamente para que puedan disfrutar de los beneficios mencionados.

Puedes realizar este tipo de redireccionamiento en absolutamente cualquier situación en la que te encuentres con tu hijo, independientemente del tema de esa situación. Sin embargo, para que sea productivo, necesita saber qué es lo que tu hijo no quiere hacer, y qué es lo que sí quiere hacer. Estructura tu discurso vendiéndoles el beneficio de hacer lo que quieren hacer antes de preguntarles por lo que tienden a provocar. A su vez, mantienes su atención positiva, y es más probable que cumplan.

Si te encuentras en una situación en la que se ha instigado un colapso, y ya has hecho la petición, lo mejor que puedes hacer es practicar la paciencia y comenzar la reorientación a mitad de la conversación. Deja de regañar a tu hijo o de preguntarle sobre la actividad indeseable por un tiempo y concéntrate en la acción más deseable hasta que tengas su interés positivo. *Después*, vuelve a implementar la actividad no deseada en la mezcla. Este sistema de redireccionamiento debería permitirte difundir rápidamente los conflictos y realinearte en una experiencia positiva orientada a la solución con tu hijo.

Capítulo Seis:

Cambiar el enfoque de la crianza de los hijos

Si deseas introducir una transformación verdaderamente profunda, debes ajustar tu estilo de crianza para acomodarte. Crear una reforma fundamental en tu enfoque de crianza asegura que estás reforzando una perspectiva robusta a largo plazo que se ajuste a las necesidades de tu hijo y te impulse a ambos hacia una experiencia más pacífica en general.

El estilo de crianza que desarrollas para tu hijo no es muy diferente del que crearía un padre de un niño sin trastornos de conducta. Sin embargo, tus hallazgos con respecto a lo que tienes que hacer y cómo tienes que abordar ciertas situaciones probablemente diferirán de los padres con niños neurotípicos. Es importante que te tomes en serio la crianza de tus hijos y que te mantengas fiel a tus procesos, y con el tiempo *verás* mejoras drásticas en tu calidad de vida. De la misma manera, la atención afirmativa concentrada en tu hijo inspirará una relación sana y edificante entre ambos. Esta saludable asociación alienta cualquier inclinación de tu hijo a complacerte o a escuchar tu dirección, en lugar de ignorar tu presencia o asumir que no los apoyarás en la protección de su felicidad y bienestar.

Desarrollar un estilo de crianza que funcione a favor de ti y de tu hijo puede ser difícil. Para apoyar tu crecimiento y ayudar a diseñar tu perfecto estilo de crianza, he enumerado diez pasos a continuación que implican los fundamentos para que puedas construir. Tu estilo cambiará con el tiempo a medida que las necesidades de tu hijo avancen, y se desarrolle tu comprensión de cómo satisfacer sus necesidades. Sin embargo, si puedes usar estos diez pasos para crear un estilo de crianza básico que puedas seguir por ahora, el estilo puede evolucionar con el tiempo para ser aún más productivo.

Paso uno: Escuchar

Tu hijo, como cualquier otro niño, sabe exactamente lo que quiere. Reconocen sus gustos y disgustos, y entienden lo que funciona y lo que no funciona para ellos. Los niños son increíbles en entenderse a sí mismos y seguir su brújula interior, siempre y cuando sus padres se lo permitan.

Antes de definir cualquier estilo de crianza, escucha a tu hijo, y respeta sus deseos. Reconoce lo que tienen que decir, y asegúrate de que son conscientes del hecho de que has escuchado y entendido sus necesidades. Si tu hijo no quiere o no puede comunicarse claramente, puedes leer lo que está expresando a través de sus acciones y comportamientos. Por ejemplo, las grandes crisis indican que están descontentos con algo y que no les está funcionando. Esta es una gran oportunidad para que comiences a adaptar tu estilo de crianza.

Paso dos: Ser respetuoso

Tus hijos merecen tu respeto en todo momento, esto incluye cualquier momento en que disciplines a tu hijo, creas reglas o establezcas límites. Hay muchas prácticas excelentes que pueden guiar a un niño hacia un comportamiento positivo y preferido sin tratarlo de una manera que sea humillante o degradante en cualquier forma. Un gran ejemplo sería el método de redireccionamiento como se describió anteriormente, o sentarse y tener una discusión con ellos en un momento posterior para reflexionar sobre su comportamiento reciente. A menudo, el hecho de tomarse el tiempo de diseccionar una situación y discutir tus expectativas en un lenguaje que tu hijo pueda entender es suficiente para ayudarle a sentirse optimista sobre su capacidad de hacer cambios significativos en su comportamiento. En ocasiones, puede que tengas que fomentar múltiples discusiones con tu hijo para alcanzar eficazmente la resolución deseada. Al igual que preferirías que alguien te explicara tus defectos o comportamientos inapropiados, necesitas replicar la misma creencia a tu hijo, tantas veces como sea necesario. Tu hijo se merece esas consideraciones amables, en lugar de que se le discipline con un lenguaje duro, gritos u otros medios dramáticos.

Paso tres: Modelar el comportamiento positivo

Tus hijos necesitan verte modelando un comportamiento ideal, tomando decisiones inteligentes, resolviendo tus descuidos y confesando tus defectos. Cuando modelas un comportamiento positivo para tus hijos de todas las formas posibles, les permites ver exactamente cómo deben tratar cada uno de sus propios problemas. Aunque a veces puede ser un desafío modelar un comportamiento positivo para tus hijos, es importante tener en cuenta el hecho de que ellos siempre te admiran y siempre exigen tu guía. Cuando se trata de niños con trastornos del comportamiento, puede parecer que tu comportamiento no importa del todo porque no imitan tu acción afirmativa ni eligen comportarse independientemente por su cuenta de todos modos. Esto es absolutamente falso. Todo niño necesita un modelo positivo y significativo que le inspire a dar lo mejor de sí mismo. Sin embargo, todos somos individuos y a su vez todos tenemos nuestras propias características específicas y eso está bien, no somos clones así que debes respetar algunos aspectos de la personalidad de tu hijo puede que nunca sean un reflejo de la tuya. Aunque no puedan seguirlo perfectamente, tu comportamiento positivo les ayuda innegablemente a hacer lo mejor que pueden. Además, se hace más fácil fomentar un mejor comportamiento cuando se actúa con integridad con lo que se les pide, especialmente en los niños que experimentan trastornos de comportamiento y que pueden usar tu falta de integridad en tu contra, como en el caso del ODD.

Paso cuatro: Dar a tu hijo opciones

Las elecciones le dan a tu hijo la oportunidad de sentir que tiene cierto grado de control sobre su vida, y le enseñan a usar ese control de manera positiva. Cuando le das a tu hijo opciones, lo tratas con respeto, confiando en que tomará decisiones y le enseñas a ser independiente. Debes ajustar tu gama de opciones para que se ajusten al nivel de necesidad de tu hijo, así como a su nivel de comprensión, para asegurarte de que le ofreces opciones que le den poder, en lugar de que le abrumen. Podrías invitar a tu hijo a elegir qué zapatos usar, con qué juguete quiere jugar o en qué tienda de comestibles quiere comprar. Estas simples elecciones no tienen un gran impacto en su capacidad de cumplir con sus obligaciones, pero tienen un gran impacto en la capacidad de tu hijo para cooperar. A medida que escuches a tu hijo y prestes atención a sus necesidades, será más fácil determinar qué opciones pueden manejar, y cuáles deben esperar hasta que adquieran la aptitud para tener éxito. Después de darle a tu hijo una opción, siempre debes estar disponible para apoyarlo a navegar por esas opciones o a tomar decisiones si lo necesita.

Paso cinco: Ser claro en cuanto a tus expectativas

Las expectativas claras son una necesidad, especialmente en lo que respecta a un niño con un trastorno del comportamiento. Estar bien definido sobre las expectativas de tu hijo les ayuda a tener una conciencia total de lo que se espera de ellos, de modo que sepan cómo tomar las decisiones adecuadas en varios puntos a lo largo de cada actividad. Una buena manera de ser claro sobre tus expectativas es sentar a tu hijo y discutir tus expectativas antes de que hagas algo. Por ejemplo, si vas a una fiesta de cumpleaños de otro niño, puedes hablar de tus expectativas sobre tu hijo en relación con lo que debe suceder antes, durante y después de la fiesta de cumpleaños. Procura que sea sencillo y con las mínimas limitaciones posibles; de lo contrario, puede resultar abrumador para tu hijo. Podría decir algo como: "Necesito que te bañes y te vistas antes de irnos, que escuches las reglas cuando estemos allí y que te vayas de la fiesta sin discutir exactamente a las cuatro en punto". También puede ser ventajoso hacer que tu hijo te repita estas expectativas para que las haya asimilado completamente.

Paso seis: Establecer reglas claras

Además de las expectativas establecidas para las experiencias individuales, puede ser útil establecer reglas claras. Las reglas claras, como ya se ha dicho, deberían ser normas estándar que se apliquen en todas las situaciones. Para recordarles, unas reglas excelentes incluirían: ser respetuoso, hacer lo que se le pide, abstenerse de discutir, y completar sus tareas de manera oportuna.

Paso siete: Usar los elogios correctamente

Los niños prosperan con los elogios positivos. La atención negativa, como la disciplina, puede convertirse en un terreno resbaladizo para los niños, ya que tienden a cometer muchos errores y no siempre son conscientes de que necesitan tomar mejores decisiones. Si siempre se disciplina a los niños por sus elecciones, es posible que empiecen a creer que la única atención que pueden recibir es una mala atención, y eso no es saludable para el bienestar mental del niño. Con el tiempo, puede que empiecen a buscar atención negativa porque se han acostumbrado a ella. Además, tu hijo puede empezar a tomar malas decisiones con más determinación, en un esfuerzo por ganar tu atención. Por otra parte, algunos niños pueden responder teniendo respuestas cada vez más bajas a la disciplina, mientras que siguen careciendo del conocimiento necesario para dejar de cometer el mismo error una y otra vez. Guarda la disciplina para situaciones particularmente serias y opta por moldear el comportamiento de tu hijo utilizando elogios positivos. Cada vez que tu hijo haga algo que aprecies, presta mucha atención y celebra sus elecciones, a la vez que lo alientas a realizar más de estas acciones positivas. Cuando tu hijo haga algo que no te guste, ignóralo a menos que tengas que disciplinarlo porque está particularmente mal. Al enfatizar el refuerzo positivo sobre la disciplina negativa, creas un estilo de crianza que anima a tu hijo de una manera positiva y compasiva.

Paso ocho: Planear de antemano

Planificar con antelación es una necesidad para cualquier padre, pero especialmente para los padres con hijos, que pueden tener una respuesta intensa a estímulos aparentemente estándar. Si tu hijo tiende a sufrir grandes colapsos cuando se expone al estrés, por ejemplo, y sabes que pronto se expondrá a una situación estresante, debes planificar con anticipación la forma en que manejarás esa situación específica.

La forma más sencilla de planificar con antelación es mantener un horario y prestar atención a las tareas que deben completarse día a día. Cada tarde o mañana, planifica el día siguiente y decide cómo vas a hacer que ese día esté lo más libre de estrés posible con antelación. De esta manera, cuando estés moviéndote activamente a lo largo del día y logrando tus tareas necesarias, no estarás atrapado sin estar preparado en una situación difícil. Esta práctica también ayudará a tus propios niveles de estrés, ya que ya estás mentalmente preparado para cualquier experiencia estresante que se aproxime..

Paso nueve: Seguir adelante

Los padres de niños con trastornos del comportamiento tienden a informar que se siente más difícil seguir adelante con las consecuencias que para los padres de niños que son neurotípicos. Puede que sientan que es cruel o poco amable seguir con las consecuencias porque tu hijo ya está lidiando con mucho, y en cierto nivel, te sientes culpable de que se enfrenten a los desafíos únicos que tienen. Aunque es perfectamente comprensible sentir culpa y pena por las experiencias problemáticas de tu hijo en la vida, es importante entender que *no* seguir adelante con las consecuencias es peor que entregarlas en primer lugar. Tu hijo necesita tener una regulación bien definida, y la seguridad de que las consecuencias si no hace lo que se le pide se cumplirán, suponiendo que las expectativas que se le dijo que cumpliera fueran razonables para sus capacidades. Si lo eran, entonces el seguimiento de las consecuencias le enseña a tu hijo a hacerse responsable, a *asumir* la responsabilidad de sus actos y a completar las tareas que se esperan de él. El no cumplir con las consecuencias le enseña a tu hijo a aprovecharse y manipular a los demás o a ignorar las necesidades u opiniones de los demás porque se saldrá con la suya al no escuchar o realizar las tareas que se le exigen. Debes cumplir, respetuosa y compasivamente, con las consecuencias que se le prometieron a tu hijo si decide no respetar lo que le has pedido.

Paso diez: Ser consistente

Por último, la coherencia es esencial. Los niños con trastornos del comportamiento lucharán en circunstancias que carecen de consistencia y regularidad porque se encuentran experimentando una extrema confusión en torno a lo que se espera de ellos y lo que sucederá si no cumplen con esas expectativas. Debes asegurarte de que las pautas, y las consecuencias de no seguirlas, sean consistentes si tu hijo quiere prosperar. Con eso en mente, debe ser consciente de la extrema necesidad de coherencia y nunca hacer reglas, establecer expectativas o prometer un conjunto específico de consecuencias si no está listo para seguirlas. Tómate un tiempo para pensar en las pautas específicas que deben seguirse, y define un conjunto de expectativas que pueden seguirse razonablemente en casi cualquier conjunto de circunstancias. De esta manera, cada vez que le recuerdes a tu hijo las reglas o expectativas establecidas, éstas serán consistentes, y tu hijo sabrá qué esperar y podrá confiar en que las cosas serán más o menos las mismas en todas las situaciones. Lo mismo ocurre con las consecuencias: define de antemano las consecuencias que serían razonables para cualquier situación, y practica el seguimiento de las mismas consecuencias cada vez. A su vez, tu hijo llega a esperarlas y sabe cómo actuar si desea evitar las consecuencias.

Capítulo Siete:

Mantener un ambiente pacífico

A medida que te concentras en crear formas más productivas de navegar por las difíciles experiencias de los padres, es importante que también priorices la creación de un ambiente de paz para ti y tu familia. Un ambiente pacífico es esencial para tu familia, ya que les permite a todos prosperar en un espacio seguro y cómodo que alimenta tu bienestar.

Para formar una atmósfera pacífica, es necesario establecer un entorno que evite los gritos, los arrebatos de ira, los actos antagónicos, las conductas irrespetuosas u otras formas de desafío o conflicto. Esto puede parecer imposible si tienes un hijo que actúa rutinariamente, ya sea a propósito o al azar, sigue siendo necesario. Este entorno pacífico no garantiza que no haya peleas, pero sí asegura que haya mucha paz entre las crisis para que todos vuelvan a un estado de calma.

Cuando no se dispone de un tiempo adecuado para volver a la calma entre los estallidos, las crisis tienden a desencadenarse con mayor frecuencia. Esto se debe a que, en lugar de tener la oportunidad de salir completamente de tu respuesta de lucha o huida y reanudar tu estado de descanso o digestión, te mantienes constantemente al límite. A pesar de este estado elevado, tú y tu hijo son más propensos a los arrebatos.

Existen muchos hábitos para fomentar una atmósfera más pasiva en su hogar y, al mismo tiempo, disminuir la cantidad de desafío y conflicto que experimenta con tu hijo. Al ejercitar algunos conceptos simples, puedes crear un ambiente que se sienta más como un refugio, y menos como un lugar de estrés y trauma para todos los involucrados.

Evitar los gritos en el hogar

Aunque gritar por toda la casa puede parecer una forma más fácil de llamar la atención de tu hijo que, por ejemplo, ir a su habitación y hablar con él, esto puede fomentar un entorno cada vez más estresante. Gritarle a tu hijo a través de la puerta o la pared, o permitirle que te grite a ti de esta manera, puede establecer el tono de las crisis rápidamente. Durante el proceso de gritar, todo el mundo ya está elevando su energía a través del simple acto de gritar. Además, es mucho más probable que se produzcan fallos de comunicación en estas circunstancias, lo que puede provocar crisis aún mayores si no se tiene cuidado.

En lugar de dar la bienvenida a los gritos como medio de comunicación, establece la regla de que todo el mundo debe hablar lo suficientemente cerca como para poder conversar con una voz tranquila. Esto significa no más gritos en toda la casa o a través de las paredes para comunicarse. En su lugar, pueden caminar hacia el otro y empezar a hablar o llamar a la puerta de un dormitorio y esperar a que los inviten a entrar antes de empezar a hablar con ellos. De esta manera, se desalientan los gritos y se fomenta la comunicación pacífica y respetuosa. Se requiere un poco más de esfuerzo para esta estrategia, ya que será necesario cerrar consistentemente la brecha entre unos y otros antes de que la comunicación pueda comenzar. La compensación, sin embargo, es asombrosa y elimina mucha tensión en el aire.

Crear espacios seguros para todos

Cuando se produce el caos, puede llegar a ser extremadamente estresante para todos los que viven bajo el mismo techo, incluso para aquellos que no están directamente involucrados en el caos. El caos no siempre puede consistir en estallidos de ira o colapsos emocionales, sino que puede ser un momento de desafío o un día particularmente difícil lleno de sensaciones desafiantes. Tener un espacio seguro designado para todos en el hogar asegura que todos tengan su propia área a la que retirarse si las cosas se vuelven abrumadoras. Para tu hijo, su dormitorio puede convertirse en su espacio seguro. Para ti, tu espacio seguro puede ser tu dormitorio, la oficina o incluso el baño, para que puedas tomar un baño mientras te relajas y te relajas. Independientemente de dónde se encuentren, los espacios seguros deben respetarse siempre, y siempre que alguien esté en su espacio seguro, las personas deben ser especialmente amables y bondadosas con esa persona como una forma de mostrar respeto mientras practican la regulación de sus emociones.

Es importante que recuerdes el valor de modelar un comportamiento positivo para tus hijos y que, en el proceso de creación de espacios seguros, uses el tuyo. Cuando estés enfadado o molesto, hazle saber a tu hijo que te retiras a tu espacio seguro para que puedas calmarte y regular tus emociones, y que realmente lo hagas. Deja que te vean en tu espacio seguro, respirando profundamente, liberando tus emociones, y ayudándote a ajustarte de nuevo a un estado de calma. De esta manera, cuando vayan a utilizar su espacio seguro (o se les anime a utilizarlo durante una crisis), tendrán un ejemplo de lo que deben hacer con su tiempo allí para ayudarles a volver a un estado de calma y paz. Esto puede incluir la práctica de la meditación, la atención, las rutinas de respiración, las actividades relajantes como el dibujo o el diario, por nombrar algunas..

Sigue la misma rutina todos los días

Las rutinas pueden parecer una manera terrible de pasar el día, especialmente si tiendes a ser el tipo de persona que hace las cosas de manera espontánea o que no le gusta planearlas con demasiada antelación. Sin embargo, las rutinas son importantes para los niños, especialmente para aquellos que requieren de expectativas claras y consistencia para ayudarlos con su autorregulación y bienestar emocional.

Establece una rutina para ti y tu hijo que puedas seguir todos los días, incluso en los días libres, y asegúrate de seguirla. Si creas una rutina divertida y fácil de seguir, se convierte en algo agradable para toda la familia, y tú experimentas aún más beneficios de tu rutina. Dado que necesitas una rutina que puedas seguir cada día, puede ser ideal tener una rutina que se pueda seguir por la mañana, por la tarde y a la hora de acostarse, dejando espacio para las adaptaciones durante el resto del día. De esta manera, puedes acomodarte al hecho de que cosas como la escuela, el trabajo, los recados y las tareas de ocio a menudo se rotan durante las horas del día. También puedes crear rutinas en torno a la forma en que se realizan tareas específicas, como prepararte para la escuela o prepararte para salir a realizar actividades de ocio, ya que esto también puede ayudar a preparar psicológicamente a tu hijo para estas actividades.

Desconectarse regularmente

Los estudios han demostrado que el tiempo de pantalla excesivo o la interacción con los dispositivos puede aumentar los problemas de comportamiento en niños y adultos neurotípicos, y puede tener un impacto extremadamente perjudicial en el bienestar de los niños con trastornos de comportamiento. Desconectar regularmente a toda la familia de la tecnología es un enfoque importante para crear más paz en el hogar eliminando un desencadenante conocido de sus vidas.

Además de ayudar a la regulación del comportamiento y las emociones, desconectarse de forma regular asegura que tengas mucho tiempo de calidad para pasarlo con tu familia. En lo que respecta al tiempo de pantalla, implementar un límite de tiempo, o dejar tiempo después de que se hayan completado las tareas, deberes u otras tareas importantes puede ser una pauta saludable para emplear. Como seres humanos estamos cada vez más íntimos con la tecnología a medida que avanzamos, solo quiero mencionar esto ya que muchos padres consideran que la tecnología es el "diablo". Considera que el tiempo ha cambiado desde tu educación y que los niños de hoy pueden beneficiarse exponencialmente de aprender varias habilidades tecnológicas.

Expresa tu gratitud de forma regular

Expresar gratitud por el otro y por la vida con la que están bendecidos es una excelente manera de mejorar la calidad de tus relaciones. De la misma manera que los elogios positivos alientan regularmente a los niños a comportarse de manera más positiva, escuchar que estás agradecido por su existencia o que aprecias experimentar el momento presente con ellos mejora la calidad de las conexiones positivas que comparten contigo también. A medida que continúas aumentando esta positividad, tu hijo comienza a dar la bienvenida a una asociación más pacífica con el mundo exterior y ganará una mayor iniciativa para trabajar hacia un crecimiento más positivo y un cambio en sus vidas.

Hacer cosas juntos como una familia

La vida puede ponerse agitada, y hacer tiempo para tu familia puede ser un desafío. Sin embargo, el tiempo en familia es crucial. Los niños neurodivergentes prosperan con la estructura y la conexión, y tienden a hacerlo mejor cuando saben que pueden confiar en su familia. Tomarse el tiempo para hacer cosas juntos como familia asegura que tu hijo sienta una sensación de paz y una base sólida dentro de su unidad familiar. También crea la oportunidad de que toda la familia aprecie los momentos de diversión juntos, lo que aumenta tu vínculo y fomenta una atmósfera tranquila y compasiva dentro de tu hogar.

Es importante señalar que la participación en actividades que son agradables para todos los involucrados. Debes tener en cuenta cualquier cosa que pueda provocar que tu hijo no cree un ambiente abrumador. Tus planes no siempre consisten en extravagantes viajes a carnavales y teatros de cine, así que considera planear con anticipación incluso las actividades más simples como: jugar juegos de mesa, cultivar tu propio jardín de hierbas, patear el balón de fútbol, hornear un pastel juntos, o incluso ir a caminar a un parque cercano. Haz lo que funcione para tu familia y crea un espacio para que tu hijo se sienta seguro y cómodo. Este tiempo no debería consistir en ampliar su zona de confort o sus habilidades para sobrellevar la situación, sino en disfrutar de un tiempo positivo y tranquilo en familia.

Mantener la compostura con los errores

Los errores o descuidos son inevitables, no importa lo mucho que intentes evitarlos. Permanecer sereno a través de cualquiera de esos errores es un aspecto importante del mantenimiento de la paz, ya que te da la flexibilidad de navegar por cualquier trastorno con una mentalidad tranquila y sosegada. Habrás notado que, en el pasado, cada vez que se presentaba un error, parecía dar vueltas, y el día se volvía más y más estresante a medida que pasaba el tiempo. Esto se debe a que después de que se cometió un error, te quedaste con los nervios de punta, esperando que surgieran más problemas de esa experiencia, y a su vez surgió más caos.

Cuando percibes los errores con un sentido de gracia, tratas con el error, y confías en que fue una experiencia aislada. En lugar de anticipar más desgracias o prepararse para más caos, recuperas la compostura y trabajas para mantener la paz. Como resultado, das la bienvenida a un cambio de perspectiva, y cualquier obstáculo próximo puede ser enfrentado con un estado relajado de calma y claridad.

Capítulo Ocho:

Un proceso de 3 pasos para lograr que las cosas se hagan

Muchos padres de niños con trastornos de conducta descubren que se necesita una cantidad excepcional de tiempo para hacer algo. Puede sentirse como si estuvieras constantemente discutiendo con tu hijo o evitando cautelosamente los desajustes, hasta el punto de que empieza a consumir otros aspectos de la vida. Ya sea para hacer la compra, ir a la escuela, limpiar la casa o realizar otras actividades diarias, debes cultivar un sistema seguro para que tu hijo se incorpore y empiece a liberar tu tiempo.

Ten la seguridad de que hay un montón de métodos de tiempo eficiente que puedes implementar para completar rápidamente esas tareas. La forma más fácil es seguir este proceso de 3 pasos para hacer las cosas, aunque puede no parecer fácil al principio. A medida que sigas aplicando esta rutina, se convertirá en algo habitual y hará que todo el proceso de completar las tareas sea mucho más fácil para ti y para tu hijo. Antes de que te des cuenta, ¡estarás terminando todo lo que tienes en tu lista de tareas más rápido que nunca!

Paso 1: Prepararse para lo que hay que hacer

El proceso de tres pasos es mejor si lo visualizas como un contenedor que estás creando para tener espacio para una experiencia positiva con tu hijo. El primer paso de la construcción del contenedor es construir los cimientos. La base de estos cimientos se forma preparándose para lo que se necesita lograr y formulando cómo puede desarrollar la experiencia más exitosa y pacífica. En esta etapa, no estás enfocado en nada que tenga que ver con tu hijo; en cambio, estás enfocado en crear una base sólida para ti mismo.

Saber que tus propias necesidades mentales y emocionales están atendidas y que has planeado nuestro propio bienestar esencial *primero*, asegura que te sientas seguro de tu capacidad para superar la próxima tarea sin importar lo que pase. Esta importante preparación asegura que estés mucho más tranquilo, pacífico y estable al entrar en la experiencia, lo que significa que es más probable que tu hijo tenga una experiencia similar. Cuando tu hijo tiene a alguien con los pies en la tierra y con la cabeza nivelada para guiarlo, se hace más fácil para él imitar una experiencia más pacífica, también.

Paso 2: Prepara a tu hijo para lo que debe hacer

A continuación, debes preparar a tu hijo para lo que se debe hacer. Este paso es similar a prepararse a sí mismo, excepto que guiarás a tu hijo a través de un proceso similar al que tú emprendiste. Puedes comenzar definiendo claramente lo que debe suceder y estableciendo expectativas para tu hijo para que se familiarice con lo que se espera de él. Es especialmente útil preparar a tu hijo con una ruta de escape, en caso de que sienta que la necesita. Por ejemplo, si están en el supermercado y empiezan a experimentar emociones intensas y abrumadoras, explícale claramente cómo puede comunicárselo a ti a su manera para que le ayudes a superar su lucha. En lugar de hacer que se intensifiquen hasta el punto de un colapso total, puedes enseñarle a tu hijo cómo puede evitar que esto suceda de antemano o al menos minimizar el estallido.

Si tu hijo se siente particularmente abrumado por participar en actividades, puede ser útil planificar tu mismo su plan de escape. Por ejemplo, puedes establecer la expectativa de que cada 10-20 minutos, le preguntarás a tu hijo cómo lo está afrontando, y puede susurrar una respuesta de "malo", una palabra clave, o apretarte la mano si no está prosperando en este entorno. Si se las arreglan bien, pueden alegar que son "buenos" o sostener su mano sin apretarla para hacerle saber que están bien. Este tipo de preparación es una forma maravillosa de ayudar a tu hijo a sentirse más apoyado emocionalmente y seguro, lo que significa que es más probable que tenga una experiencia positiva al salir. A menudo, dividir la experiencia en trozos del tamaño de un bocado y preparar a tu hijo para esas experiencias es suficiente para prepararlo para el futuro. A partir de ahí, puedes concentrarte en pasar solo una parte a la vez hasta que hayas visto toda la tarea completa.

Paso 3: Hazlo

Por último, tienes que seguir exactamente lo que has preparado. Tomar las medidas necesarias para cuidar de ti y de tu hijo mientras realizas cualquier tarea propuesta. Cuando se toman las medidas adecuadas, se cultiva una experiencia menos estresante al nutrir las necesidades emocionales de ambos. Además, le enseña a tu hijo a cuidarse a sí mismo durante las experiencias problemáticas o abrumadoras para que, en el futuro, también pueda navegar estas experiencias con mayor éxito. Es muy importante que sigas las expectativas exactas que estableces para tu hijo durante el proceso de completar esta tarea, incluso si las cosas a tu alrededor empiezan a cambiar. Tu hijo aprende que puede confiar en tu guía y en lo que le dices. Con el tiempo, todo este proceso se hará cada vez más fácil a medida que se vaya comprendiendo mejor las necesidades de cada uno.

Capítulo Nueve:

Del castigo a la recompensa

Castigar a tu hijo es un medio ineficaz para lograr objetivos. Cuando reprendes a tu hijo, creas un ambiente negativo que tiene la intención de inhibir acciones no deseadas, sin embargo, simultáneamente creas respuestas emocionales abrumadoras como la vergüenza, el bochorno y la culpa. De la misma manera, una vez que desarrollas la tendencia a castigar a tu hijo, has permitido que el comportamiento no deseado se fomente más allá del control. A estas alturas, estás tan frustrado con el comportamiento, que explotas belicosamente hacia el origen, lo que genera un estallido de frustración y se produce un encuentro beligerante. El problema con el castigo prolongado es que le enseña a tu hijo con el tiempo que a menos que alguien le grite abiertamente, no necesita cambiar su comportamiento. Desafortunadamente, este hábito se desarrolla en la edad adulta, y antes de que se den cuenta de que es necesario un cambio en el comportamiento buscan que les griten o que los lleven al punto de irritabilidad. Esto es extremadamente inhibidor de su capacidad para cultivar relaciones saludables con los demás.

En lugar de castigar a tu hijo, debes concentrarte en alabarlo con más frecuencia. Necesitas prepararlos para el éxito alentándolos a participar en experiencias que les den elogios, y desanimándolos a participar en las experiencias que típicamente causarían el castigo. Construir un ambiente saludable, para que tu hijo sea más probable que participe en las cosas que quieres que haga, y menos probable que haga las cosas que no quieres que haga, es una excelente manera de promover el buen comportamiento.

Empatiza con tu hijo

Cuando tu hijo comience a experimentar una cantidad abrumadora de emociones, su respuesta de lucha o huida se activará y todo su sistema se sobrecargará de adrenalina. En este punto, no pueden comprender completamente conceptos extraños porque su cerebro se ha alterado a un estado defensivo, no a un estado receptivo. En lugar de castigar a tu hijo por su mal comportamiento, es hora de ayudarle a escapar de esa respuesta de lucha o huida para que pueda alcanzar un estado de calma. Su cerebro volverá a un estado más receptivo y permitirá que tu hijo, que ahora puede aprender, comprenda cualquier orientación o lección que le pueda explicar.

Hacerle saber a tu hijo que entiendes sus sentimientos y que le ofreces compasión por lo que está pasando crea una atmósfera segura para que trabaje y regule esas emociones. Una vez que tu hijo haya calmado sus emociones, se sentirá mucho mejor, y tú también. En ese momento, puede discutir cuáles fueron esas emociones y cómo pueden ser mejor manejadas en el future.

Apoyar su experiencia de aprendizaje

Los niños *ansían* aprender, y cuando están en un ambiente que apoya su capacidad de aprender, prosperan. Es importante recordar que tu hijo no puede aprender exclusivamente a través de que se le diga lo que tiene que hacer; sino que también se le muestra a través de la demostración y la regularidad. Una gran manera de entender esto es reflexionar sobre el entrenamiento para ir al baño, o atarse los cordones de los zapatos. Inicialmente, estabas muy involucrado en el proceso, demostrándole a tu hijo qué hacer y cómo hacerlo, y animándole a seguir tu guía. Con el tiempo, retrocediste hasta que, sin tu apoyo, pudieron completar estas tareas por sí mismos. La misma metodología se aplica a todas las áreas de su crecimiento.

Cuando tu hijo avanza hasta un punto en el que está listo para aprender algo nuevo, tu apoyo es vital. Sé tan práctico como sea necesario para enseñar a tu hijo a navegar por esa experiencia en particular de manera positiva, y luego comienza lentamente a dejar que gane su independencia a medida que se familiariza con el nuevo concepto. Apoya a tu hijo en la defensa de las buenas elecciones y en la búsqueda de experiencias positivas, y enséñale a recibir una respuesta positiva a las acciones que emprenda.

Conexión antes de la corrección

Cuando un niño se ha comportado mal, puede deberse a una emoción perturbadora que impulsó su mal comportamiento. Por ejemplo, si tu hijo le está pegando a otro niño, es porque ha experimentado una emoción que le ha hecho sentir lo suficientemente enfadado como para pegarle. Su incapacidad para regular o hacer frente a esa emoción es lo que conduce a su mal comportamiento; no fue de naturaleza espontánea.

Tomarse el tiempo para conectar con tu hijo abrazándolo y afirmando que lo amas antes de comenzar a corregir su comportamiento asegura que reciba el apoyo que necesita para navegar por sus emociones problemáticas, en primer lugar. Luego puede discutir lo que estaba mal con su comportamiento y educarlos en un medio más positivo para manejar sus emociones en el futuro.

Establecer los límites de una manera amorosa

El castigo suele utilizarse como medio para establecer límites, aunque a menudo se asigna de manera negativa o crítica. Aprender a establecer límites de manera afectiva le permite reconocer y corregir el comportamiento negativo sin estallar en rabia o experimentar un arrebato emocional indeseable con tu hijo. Por ejemplo, imaginemos que tu hijo quiere seguir jugando en lugar de prepararse para ir a la cama, por lo que empieza a tener un colapso o muestra las primeras etapas de un arrebato emocional debido a su deseo de seguir jugando. En lugar de contestar con "Qué pena" o "Es hora de ir a la cama, así que deja de jugar, AHORA", podrías intentar algo parecido a..: "¡Wow, estás disfrutando mucho este juego! ¿no es así? Entiendo que es difícil dejar de jugar y prepararse para la cama. Continuemos con este juego mañana". De esta manera, reconoces los sentimientos de tu hijo, tienes empatía por ellos, y sigues manteniendo los límites para que puedas animar a tu hijo a hacer lo que se le ha pedido.

Si es posible, en un momento en el que estás estableciendo límites, también puedes incorporar una reorientación para animar a tu hijo a tomar una mejor decisión por su cuenta. Por ejemplo, podrías decir: "Sé que es difícil dejar de jugar y prepararse para ir a la cama. ¿Te gustaría cepillarte los dientes primero, o ponerte el pijama primero?" Una vez más, esto reconoce sus sentimientos y deseos, pero aún así deja claro que hay que tomar medidas.

Enseña a tu hijo a arreglar sus errores

Cometer errores es una parte inevitable de la vida, pero los niños pueden ser más propensos a ellos, considerando que no han aprendido de muchos de sus propios errores en el pasado. Además, tampoco han tenido la oportunidad de aprender adecuadamente a adaptarse y navegar por sus errores. Enseñar a tu hijo cómo abordar y remediar sus errores asegura que reconozca cómo superar cualquier adversidad potencial y, a su vez, que sea más probable que la supere de manera pacífica.

Cuando se trata de enseñar a tu hijo a superar los errores, hazlo siempre de forma práctica. No le des mucha importancia al error, ya que al hacerlo puede desencadenar una enorme respuesta emocional, y eso puede hacer que sea mucho más difícil de afrontar. En su lugar, reconoce que ha ocurrido un error y céntrate en arreglarlo con tu hijo, para que se dé cuenta de que los errores no merecen una gran protesta emocional, y que pueden resolverse y solucionarse fácilmente.

Usa la palabra "Sí" más a menudo

Una gran manera de animar a tu hijo a seguir tu guía es usar la palabra "sí" más a menudo. Cuanto más puedas decir "sí", más probable es que tu hijo te escuche porque siente una asociación positiva con la palabra en sí.

Por ejemplo, si exclamas "No, no puedes seguir jugando porque necesitas ir a la cama" o "No, no puedes hacer eso, necesitas vestirte", estás defendiendo *mucho* la palabra "no". Tu hijo oye perpetuamente cada "no" y se frustra cada vez más con cada uno de ellos, iniciando un declive en la receptividad hacia ti. En vez de eso, podrías insistir: "Sí, es hora de dormir, me encantaría que me enseñaras tu juego mañana..." O "Sí, puedes hacerlo después de vestirte". O "Sí, te quiero, y soy muy afortunada de ser tu madre. ¡SI!" Este tipo de respuesta afirmativa fomenta las emociones positivas en tu hijo, lo que inspira una inclinación mucho más probable a escuchar y hacer lo que les ha pedido que hagan.

Construye tu relación a diario

Parte de la creación de la oportunidad para que tu hijo te escuche es construir sobre tu relación con él cada día, ya que cuanto más positivo se sienta a tu alrededor, más probable será que escuche tu orientación. Puedes influir en la relación con tu hijo pasando tiempo juntos, hablando de sus intereses, participando en las cosas que les interesan y pasando tiempo riendo juntos. La actividad en sí misma es poco preocupante, si tu hijo desea jugar a los videojuegos contigo, acepta esta invitación y haz que te enseñe a jugar junto a él. El propósito es compartir un tiempo de calidad juntos. Hacer bromas, participar en cosas que les gusten, y en general pasar un buen rato juntos. Cuanto más se rían juntos, más fuerte será tu relación y más probable será que disfrutes de tu relación con tu hijo. Esta atención positiva también hace que se sientan más seguros y confiados en ti, lo que hace que les resulte más fácil manejar sus emociones a tu alrededor. A medida que se produce esa transformación, puedes enseñarles a navegar por sus emociones en general, lo que les ayuda a prosperar lejos de ti, también.

Es una buena idea programar al menos 20 minutos al día para invertir en tiempo de calidad con tu hijo. Durante estos 20 minutos, no toques el teléfono ni te distraigas, en vez de eso concéntrate únicamente en tu hijo y en una actividad que puedan hacer juntos. De manera regular, como por ejemplo semanalmente o cada dos semanas, sería una buena idea programar aún más tiempo uno a uno con tu hijo. Este tiempo de calidad juntos asegurará que tu relación prospere, lo que ayudará a tu hijo a prosperar también.

Capítulo Diez:

Tu hijo bajo el cuidado de otros

Dejar a tu hijo al cuidado de otros puede ser una experiencia muy estresante, especialmente si sabes que tu hijo tiende a luchar con varias circunstancias debido a su trastorno de conducta. Es posible que te preocupe que los demás no entiendan cómo lidiar con los arrebatos de tu hijo, cómo atender sus necesidades o que la experiencia en general sea negativa. También puede ser preocupante que si tu hijo tiene una experiencia negativa, puede que se sienta menos inclinado a quedarse en paz con los demás por miedo a provocar otra experiencia negativa. Sin embargo, habrá momentos en los que tendrás que dejar a tu hijo bajo el cuidado de otra persona. Ya sea para llevarlos a la escuela o para que una niñera los cuide mientras vas a trabajar o cualquier otra razón por la que necesites dejarlos.

Trabajar con tu hijo y su cuidador te permite apoyar a tu hijo para que prospere y mantenga una experiencia positiva en el cuidado de los demás. Además, cada vez que se encuentran en nuevas situaciones de las que tú no formas parte, es más probable que adquieran las habilidades necesarias para manejar esas situaciones de manera positiva.

Preparando a tu hijo para el cuidado de otros

Dejar a tu hijo al cuidado de otros comienza por prepararlo para esa experiencia. Como con cualquier cosa, quieres hacerlo discutiendo lo que está a punto de suceder, y estableciendo expectativas claras. Hay dos tipos de expectativas que debes discutir, las expectativas que tienes de tu hijo, y cualquier expectativa que tu hijo pueda tener con respecto a la situación que se aproxima.

Las expectativas que tienes de tu hijo deben reflejar de manera similar las expectativas de la persona que lo va a cuidar. Por ejemplo, si van a la escuela, debes explicar que esperas que tu hijo escuche al profesor y que el profesor esperará que se siente en su silla, escuche y complete su trabajo en clase. Ahora, tu hijo es consciente de lo que se espera de él, y entiende lo que debe hacer para navegar con eficacia en esa experiencia. También puedes hacerles saber lo que sucederá si no cumplen con esas expectativas, para que sean conscientes de las consecuencias a las que se enfrentarán si no las cumplen.
También debes ayudar a tu hijo a prepararse haciéndole saber lo que puede esperar de la situación. Dile qué tipo de personas puede conocer, qué puede ver, oír, saborear y tocar, y por lo demás, explícale cómo puede ser la experiencia. También puedes orientar a tu hijo sobre cómo puede superar cualquier experiencia problemática con la que se pueda encontrar, para que sea consciente de lo que tiene que hacer por adelantado y sea menos propenso a cualquier respuesta negativa.

Preparando a otros para cuidar a tu hijo

Así como tienes que prepararte a ti mismo o a tu hijo para compartir experiencias, también es importante preparar a cualquier persona que cuide de tu hijo. Siempre debes comunicar claramente los desafíos, los desencadenantes y cualquier otra dificultad a la que se enfrente tu hijo, así como la forma en que suele comportarse cuando surgen estas experiencias. Cuanto más claro seas sobre cómo se comportará, más fácil será para el cuidador manejar las situaciones con tu hijo.

Ofreciendo todo el apoyo posible

A medida que tu hijo se adapta a nuevas situaciones con diferentes cuidadores, es útil que le ofrezcas el mismo nivel de apoyo que le darías si estuviera aprendiendo una nueva habilidad. Al igual que tu hijo puede aprender a montar en bicicleta, también necesita desarrollar una aptitud para navegar en cualquier situación nueva o que nuevas personas estén en su presencia y tengan autoridad sobre ellas. La clave aquí es involucrarse tanto como sea necesario inicialmente mientras se le enseña a tu hijo a respetar al cuidador y su autoridad, también. Cuando tu hijo esté bajo el cuidado del nuevo cuidador, debes recaer como *segundo* al mando. Tu hijo debe saber siempre que debe confiar en ti y respetarte, pero también debe saber que su maestro, niñera u otro cuidador tiene tanta autoridad como tú cuando no estás presente. Esto le enseña a tu hijo a respetar la autoridad y a prosperar en el cuidado de los demás, lo que hace que la adaptación a estas nuevas situaciones sea mucho más fácil.

Preparándose mentalmente para la separación

Si vas a dejar a tu hijo bajo el cuidado de otra persona de forma continuada, como por ejemplo si se ha incorporado a una nueva guardería o a un nuevo colegio, querrás prepararte mentalmente para la situación tanto como sea posible. Para ti, ensayar cómo deben ir las cosas en tu mente asegura que estás listo para lo que tiene que suceder y que estás organizado mentalmente para los diversos desafíos que probablemente tengas que enfrentar. En el caso de tu hijo, haz de la discusión del cambio que se avecina una parte de tu rutina, mientras preparas mentalmente a tu hijo para dichos cambios. Cuanto antes empiece a hablar de ello, y cuanto más hables de ello, más se entusiasmará el niño con la idea de lo que le espera, y más fácil le resultará adaptarse a esas ideas.

Reunirte con tu hijo después de un tiempo

Después de pasar un tiempo lejos de tu hijo, es importante que siempre tomes tiempo para reunirte con tu hijo después de ese tiempo de ausencia. El tiempo de reunión debe concentrarse en que tu hijo vuelva a familiarizarse con tu presencia y en que vuelva a tener una experiencia positiva contigo. Después del turno, tu hijo pasará mentalmente de recibir orientación de su otro cuidador a recibir orientación de ti. También les ayuda a adaptarse mental y emocionalmente al cambio de entorno, facilitándoles la transición a la nueva actividad que realizarán juntos.

Una excelente manera de reunirse con tu hijo después de un tiempo de ausencia es tener una rutina específica que hagan juntos cuando los vuelvan a ver por primera vez. Por ejemplo, abrazar a tu hijo, ayudarle a entrar en el coche y hablar con él sobre su día mientras conduces a casa. Esta sencilla rutina puede seguirse con coherencia y puede proporcionar a tu hijo la capacidad de adaptarse mentalmente para volver a estar bajo tu cuidado. Por lo tanto, es más probable que escuche durante el resto del día.

Conclusión

Criar a un niño neurodivergente puede seguir siendo un desafío, ya que regularmente se enfrentan a actos de desafío y muchos otros desafíos diversos. Es posible que se encuentre con dificultades para saber qué decir y cómo actuar cuando tu hijo comience a comportarse mal, lo que inevitablemente lleva a tu hijo a luchar también. Aprender a navegar de forma efectiva la desobediencia y los encuentros desafiantes con tu hijo te permite enseñarles también a navegar por estos compromisos. Esto crea la oportunidad para ambos de atravesar situaciones problemáticas con mayor facilidad, y dar la bienvenida a una experiencia parental más pacífica.

El proceso de criar a los niños es preocupante, sin importar que se críe a un niño que tiene mayores dificultades para autorregularse. Independientemente de lo abrumador y problemático que pueda ser a veces, amas a tu hijo incondicionalmente, y aspiras a hacer todo lo que esté a tu alcance para crear una infancia positiva y significativa para ellos. La creación de esta experiencia comienza con el reconocimiento de tus propias necesidades como padre, antes de entender cuáles son las necesidades de tu hijo y cómo esas necesidades pueden ser satisfechas por ti de una manera razonable. También es esencial identificar las formas en que puede enseñar a tu hijo a satisfacer sus propios deseos, especialmente aquellos que son únicos para él, ya que estos serán requisitos que es menos probable que aprendan en otras áreas de la vida.

A medida que comiences a adaptar tu estilo de crianza a tu hijo y a enseñarle cómo integrarse con éxito en el mundo que le rodea, te divertirás mucho más criando a tu hijo. El ambiente que una vez fue estresante con el que te has familiarizado, se volverá más pacífico a medida que todos aprendan a trabajar simultáneamente en armonía y a crear una experiencia pacífica y positiva con los demás.

Es extremadamente importante que comiences a practicar todas las técnicas enseñadas en este libro con coherencia, ya que la coherencia es crucial para tu capacidad de enseñar a tu hijo nuevos hábitos. Tu consistencia también te ayudará a ti y a tu hijo a reconocer que estas técnicas son herramientas positivas y útiles, fomentando respuestas mucho más positivas a lo largo del tiempo. Antes de que se den cuenta, ambos anticiparán los efectos secundarios positivos del cambio de enfoque, lo que permitirá a tu hijo superar y navegar por cualquier lucha de manera positiva.

Por último, te animo a que sigas aprendiendo sobre tu hijo y sus necesidades y a que continúes implementando prácticas pacíficas tan a menudo como sea posible. Al hacerlo, mejorarás drásticamente tu calidad de vida, y la calidad de vida de tu hijo también.

Antes de que te vayas, te pido que por favor tomes un momento para comentar "Mi Hijo Rebelde" en Amazon. Tu honesta reacción sería muy apreciada, ya que apoya a otros padres a descubrir el conocimiento de este libro, y me ayuda a crear más títulos excelentes para ti.

Gracias, y la mejor de las suertes en tu pacífico esfuerzo como padre. ¡Sinceramente creo que estás totalmente dispuesto y eres capaz de dar a tu hijo la educación amorosa que se merece!

www.ingramcontent.com/pod-product-compliance
Lightning Source LLC
Chambersburg PA
CBHW071755080526
44588CB00013B/2252